CLARISSE,

OU

LA FEMME ET LA MAITRESSE,

Drame en trois Actes et en six Tableaux;

PAR MM.

ANICET BOURGEOIS ET **P. TOURNEMINE**,

MUSIQUE DE M. ADRIEN, BALLET DE M. BLACHE.

REPRÉSENTÉ POUR LA PREMIÈRE FOIS, A PARIS,
SUR LE THÉATRE DE L'AMBIGU-COMIQUE,
LE 11 JUILLET 1829.

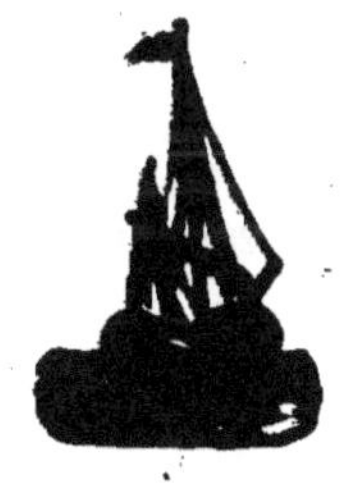

PARIS,

BEZOU, LIBRAIRE,

ÉDITEUR DU THÉATRE DE M. SCRIBE,

BOULEVARD SAINT-MARTIN, N°. 29,

vis-à-vis le nouveau théâtre de l'Ambigu Comique.

1829.

PERSONNAGES.	ACTEURS.
Sir WILMORE, baronnet	M. VALTER.
HARRY, son frère naturel	M. BEAUVALET.
Sir NELSON, juge	M. RAVET.
JOBSON, intendant de WILMORE	M. BARON.
LE PRÉSIDENT DES ASSISES	M. PÉCRUS.
JAMES, au service de WILMORE	M. JOLY.
ROBERTZ, aubergiste	M. SALLÉ.
UN CONSTABLE	M. GILBERT.
UN GEOLIER	M. ROCHET.
UN GREFFIER	M. DUHAN.
UN CONSTABLE	M. BOURGEOIS.
UN PAYSAN	M. CLAIRVILLE.
JENNY, femme de WILMORE	MAD. WSANNAZ.
CLARISSE, maitresse de WILMORE	MAD. CHARTON.
LOUISA, fille de ROBERTZ	MLE. ÉLÉONORE.
LUCILE	MLE. EDELIN.
UNE SERVANTE DE ROBERTZ	MLE. FODOT.

La Scène est aux deux premiers actes à Londres.
Au troisième, à quelques milles seulement.

IMPRIMERIE DE CHASSAIGNON,
rue Gît-le-Cœur, n°. 7.

CLARISSE,

DRAME EN TROIS ACTES ET EN SIX TABLEAUX.

ACTE PREMIER.

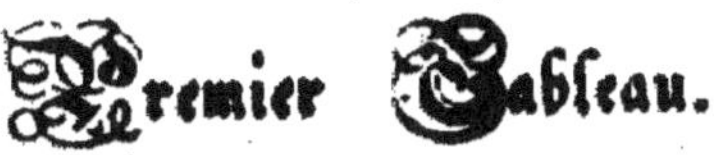

Le Théâtre représente un boudoir élégant, n'occupant que les deux ou trois premiers plans du Théâtre. — Un canapé, une Psyché, quelques fauteuils, une table à thé et des vases de fleurs meublent cette pièce, qu'éclairent plusieurs candelabres chargés de bougies.

SCÈNE PREMIÈRE.

CLARISSE, *seule, assise sur le canapé, tient à la main un livre qu'elle laisse tomber.*

Il ne vient pas!... Ah! que cette opulence qui m'environne, et que je dois à son amour, me pèse quand il n'est pas près de moi. Jenny le retient peut-être... L'existence, les droits de cette femme me condamnent à une douleur éternelle... Elle est son épouse, et moi!... (*Se levant.*) Que dis-tu, malheureuse! as-tu le droit de te plaindre?... Mais toi, cher Wilmore, tu n'as pas mérité le sort qui te menace... Entraîné par un faux ami, tu marches à ta ruine... Sa ruine!... Eh! comme les autres, n'y ai-je pas contribué? n'ai-je pas aussi creusé l'abîme qui va l'engloutir? Ah! que ma conduite a été vile et méprisable! Mais je ne t'aimais pas alors, et maintenant je donnerais ma vie pour racheter la honte d'un passé dont le souvenir me poursuit sans cesse. Ah! Wilmore, que ne t'offrais-tu plutôt à mes regards... J'aurais été moins indigne de toi, peut-être...

(Elle retombe sur son canapé.)

SCÈNE II.

CLARISSE, LUCY.

LUCY.

Madame, voici une corbeille qu'on vient d'apporter pour vous.

CLARISSE, *se levant.*

Pour moi!... Et de quelle part?

LUCY.

Est-il besoin de le demander? cela ne peut être qu'une nouvelle galanterie de M. Willemore.

CLARISSE.

Encore!

LUCY, *ouvrant la corbeille.*

Bon dieu! les jolies choses!

CLARISSE.

Que de dépenses inutiles!

LUCY.

C'est que tout cela est d'un goût, d'une élégance... et chaque jour amène une surprise de ce genre... Des fleurs, des dentelles, des diamans... Ah! des diamans superbes... Que vous êtes heureuse!

CLARISSE, *soupirant.*

Heureuse!

LUCY.

Sans doute. Un cachemire, un écrin! cela doit être si agréable à recevoir... Ah! pourquoi James n'est-il pas un mylord!

UN DOMESTIQUE, *annonçant.*

Sir Wilmore!

CLARISSE, *avec empressement.*

Faites entrer.

SCÈNE III.

LES MÊMES, WILMORE, HARRY, *un peu à l'écart.*

WILMORE, *avec gaieté.*

Je viens, sans façon, prendre le thé chez toi.

CLARISSE.

Lucy, servez-nous.

WILMORE.

Et je te demande la permission d'admettre aujourd'hui, dans notre intimité, le meilleur de mes amis.

CLARISSE, *saluant.*

Monsieur... (*Harry s'avance ; elle s'arrête interdite.*) Que vois-je ?

HARRY, *humblement.*

Il m'a fallu compter beaucoup sur votre indulgence, Madame, pour accepter une invitation faite sans votre aveu.

CLARISSE, *d'un air contraint.*

Monsieur...

WILMORE, *bas à Harry.*

N'est-il pas vrai qu'elle est charmante ?

CLARISSE, *à part.*

Que vient-il faire ?

LUCY.

Monsieur, tout est prêt.

WILMORE.

C'est bien, laissez-nous. Ma chère Clarisse. (*Il la conduit à sa place.*) Viens donc, Harry, place-toi là, près de moi. Tu as reçu, ma bonne amie, la corbeille que James avait ordre de te remettre ?

CLARISSE.

Vous méritez bien des reproches : est-ce ainsi que vous suivez mes conseils, que vous écoutez mes prières ?

WILMORE.

Allons, ne parlons plus de cela. Eh bien ! mon cher Harry, tout le bien que je t'ai dit de ma Clarisse te semble-t-il maintenant exagéré ?

CLARISSE.

Wilmore ! ces éloges...

HARRY.

Vous sont dus, Madame, et je conçois maintenant combien il doit être difficile de vous résister.

WILMORE.

A la bonne heure ! voilà ce qui s'appelle rendre hommage à la vérité. Avoue que, lorsque tu me blâmais, tu ne me croyais pas si heureux ?

(Mouvement de Clarisse.)

HARRY, *avec intention.*

Vous devez me pardonner, Madame ; car je vous vois aujourd'hui pour la première fois.

CLARISSE, *à part.*

Le fourbe !

WILMORE, *à Sophie.*

Oh ! c'est que tu ne peux te faire une idée de la sagesse de mon ami, de la sévérité de ses principes ! il me gronde sans cesse ; et, juge pourtant de la bonté de son âme, un instant après il m'ouvre sa bourse, et serait, j'en suis sûr, capable pour moi des plus grands sacrifices.

HARRY.

Devez-vous qarler de si légers services, lorsque, depuis près de dix ans, chaque jour de ma vie a été marqué par un de vos bienfaits.

WILMORE.

Mes bienfaits, dis-tu ? Eh ! quel mérite y a-t-il donc à avoir aidé un ami qu'un sort injuste accablait ? (*Avec intention.*) Le hasard d'une naissance t'avait condamné au malheur dès le berceau, tandis qu'il m'avait donné un nom, une fortune que je n'avais pas plus mérités que toi : j'ai rétabli la balance, voilà tout.

CLARISSE.

Homme généreux !

WILMORE.

D'ailleurs, en t'assurant, à la mort de mon père, un sort indépendant, ne me suis-je pas ménagé la plus précieuse ressource ? Gêné, depuis quelque temps, par des dépenses peut-être un peu folles, tu es venu généreusement à mon secours, et ces billets que dernièrement encore...

CLARISSE, *vivement.*

Des billets ?...

HARRY, *de même.*

A quoi bon faire connaître ?...

WILMORE.

Pourquoi n'avouerais-je pas ce que tu as fait pour moi ?... Je veux que Clarisse t'apprécie comme moi.

CLARISSE.

Cher Wilmore ! que votre âme est noble et généreuse ! et qu'ils seraient coupables ceux qui ne répondraient pas à tant d'abandon par la plus sincère amitié !

(Elle lance un coup d'œil expressif à Harry.)

WILMORE.

Près de vous, mes bons amis, je ne puis avoir ce chagrin à redouter. (*Il se lève.*) Mais une affaire importante m'appelle près d'ici, et je vais...

HARRY.

Comment, une affaire à cette heure?

WILMORE.

Oui, j'ai donné rendez-vous à Mac-Ormann, et je ne puis y manquer.

HARRY.

Quoi! cet usurier?... (*A mi-voix.*) Est-ce encore pour lui emprunter de l'argent?

WILMORE.

Eh bien! oui. Je voulais te le cacher, mais j'en ai le plus pressant besoin. Tu sais que ce soir, pour donner le change à mes créanciers, et surtout à M. Wormes, le plus terrible de tous, je donne un bal. J'aurai une partie de la meilleure société de Londres, et te l'avouerai-je? mon embarras est tel que s'il me fallait seulement perdre 30 guinées, je ne saurais, en ce moment, où les prendre.

CLARISSE, *qui dès les premiers mots est allée à son secrétaire.*

Tenez, mon ami, ce portefeuille contient 300 livres, acceptez-les; c'est un prêt qu'à mon tour je suis heureuse de vous faire.

HARRY.

J'espère, Madame, que Wilmore vous refusera. Voici deux billets de 1,00 livres sterlings qui pourront lui suffire, et il est plus naturel qu'il s'adresse à moi.

WILMORE.

Il a raison, ma Clarisse, garde ce portefeuille... je n'avais pas besoin que tu me fisses une telle offre pour apprécier ton cœur.

CLARISSE, *avec douleur.*

Il me refuse... et c'est à lui...

HARRY.

Cette fois, vous changerez ces billets chez Tom, près le pont de Westminster.

WILMORE.

Pourquoi n'irai-je pas chez Vilfred? nous n'en sommes qu'à deux pas; il me connaît...

HARRY, *bas.*

Et c'est précisément pour cela. Vous lui avez déjà changé la semaine dernière. Voulez-vous, lorsque chaque jour vous demandez de nouveaux délais à vos créanciers, faire voir que vous avez de l'argent?

WILMORE.

Je n'y pensais pas... J'irai chez Tom; mais viens avec moi....

HARRY.

Je ne le puis... il faut que je rentre un instant. Nous nous reverrons à votre soirée.

WILMORE.

Conduis-moi toujours jusqu'à ma voiture. Adieu, chère Clarisse; je t'ai refusé, mais tu n'en as pas moins de droits à ma reconnaissance. Nous ne nous reverrons que demain.

(Il lui baise la main.)

HARRY, *saluant.*

Madame... (*A voix basse.*) Je vais revenir... attends moi. (*Mouvement d'effroi de Clarisse.*) Je vous salue.

WILMORE, *en sortant.*

A demain!

(Ils sortent tous deux par la porte du fond. — Clarisse reste atterrée des mots que lui a dit Harry.)

SCÈNE IV.

CLARISSE, *seule*, *puis* LUCY.

CLARISSE.

Il va venir!.... ces mots seuls ont suffi pour jeter l'effroi dans mon âme... Que me veut-il? que signifie les regards qu'il a lancés sur moi?... croit-il trouver encore dans la malheureuse Clarisse la complice d'une trahison nouvelle? Ah! combien il s'abuse... le temps est passé où je l'écoutais sans rougir... Cependant, il faut le recevoir : ma sûreté, l'intérêt de Wilmore, tout l'exige... Songeons à n'être point surprise. (*Lucy paraît.*) Je n'y suis pour personne.

LUCY.

Cela suffit, Madame.

(Elle sort.)

CLARISSE, *seule encore.*

Il arrivera par cet escalier dérobé dont il a voulu que je lui donnasse la clé... N'est-ce pas lui que j'entends?... non... je me trompais... Jamais sa visite ne m'inspira tant d'effroi. Que vient-il me proposer?... Le motif est donc bien grave, puisqu'il n'a pas craint, pour me voir, d'accompagner Wilmore jusqu'ici. Pour la première fois il a eu cette audace!... Enco un crime sans doute. Ah! Wilmore, celle qui prit autrefois le coupable engagement d'aider à ta perte, jure aujourd'hui de vivre et de mourir pour te défendre et te sauver. Cette fois... je ne m'abuse pas... on monte l'escalier... on ouvre... c'est lui!... Remettons-nous.

SCÈNE V.

CLARISSE, HARRY.

HARRY, *regardant partout.*

Tu es seule... fort bien.

CLARISSE.

Ne craignez-vous pas que, malgré les ordres que j'ai donnés, Wilmore...

HARRY.

Il est loin de me croire ici, et ne viendra pas troubler l'entretien qu'il faut que j'aie avec toi.

CLARISSE.

Que pouvez-vous me vouloir?

HARRY.

Pourquoi ce ton de reproche?... As-tu donc oublié déjà ce que j'ai fait pour toi?... ne te souvient-il plus de ce temps où, grâce à mes soins, un jeune homme riche, aimable, t'éleva jusqu'à lui, et te fit connaître un bonheur auquel tu ne devais jamais prétendre. Ce bonheur est mon ouvrage, et tu m'en dois le prix.

CLARISSE.

Ah! je ne me rappelle que trop un passé dont je voudrais pouvoir effacer le souvenir!... Mais quel prix osez-vous exiger de moi?... Vous ne m'avez choisie, je le sais maintenant, que pour servir d'instrument à la ruine de votre malheureux ami... Venez-vous réclamer le partage de ses dépouilles?... Ah! si l'abandon de tout ce que je possède peut vous satisfaire, je n'hésite pas à tout sacrifier pour me débarrasser de votre odieuse présence!...

HARRY.

Encore!...

CLARISSE.

Votre vue me rappelle trop d'opprobres, et me fait trop rougir de moi-même!... Depuis long-temps mon cœur a rompu le pacte infame qui nous unissait.

HARRY.

Tu te trompes!... il n'est pas temps de séparer ta cause de la mienne... tu dois me servir encore.

CLARISSE.

Jamais!

HARRY, *lui saisissant la main.*

Ecoute, et garde-toi de me résister; car il y va de ta vie!...

CLARISSE.

Malheureux! tu oserais?...

(Elle fait un mouvement.)

HARRY, *l'arrêtant.*

Silence, ou tu es morte!...

CLARISSE.

O ciel! voulez-vous donc m'assassiner?

HARRY.

Non, je ne veux pas commettre un crime inutile; mais je ne balancerai pas si tu le rends nécessaire.

(Il va à la porte du fond et la ferme au verrou.)

CLARISSE.

Ah! le cœur me manque!

HARRY.

Allons, remets-toi. Tu n'as rien à craindre si tu consens à m'obéir.

CLARISSE.

Qu'exigez-vous? Parlez, parlez vite!

HARRY.

Tu es encore trop émue. (*Il lui présente un flaçon.*) Prends. Ce n'est point de l'or que je viens réclamer de toi... Je pourrais te reprocher ton fol amour pour un homme qui ne sera bientôt plus en état de te récompenser... Je viens, au contraire, te donner les moyens de resserrer encore ces nœuds qui te sont devenus si chers.

CLARISSE.

Vous!... comment?

HARRY.

Wilmore est poursuivi par ses créanciers, il ne pourra longtemps rester à Londres: il faut donc qu'il fuie, et qu'il fuie avec toi.

CLARISSE.

Avec moi?

HARRY.

Il t'aime, ton éloquence sera persuasive; elle saura trouver le chemin de son cœur. Il faut que tu l'entraînes... il faut....

CLARISSE.

Quel intérêt avez-vous donc à l'éloigner? Quelle nouvelle trahison méditez-vous? Wilmore consentira-t-il jamais?... Des liens sacrés ne l'attachent-ils pas à Londres?

HARRY.

Ce sont ces liens qu'il faut rompre.

CLARISSE.

Les rompre!... T'aurais-je donc enfin deviné?

HARRY.

Que veux-tu dire?

CLARISSE.

Ai-je enfin découvert la source de cette haine que je ne pouvais définir?

HARRY.

Garde-toi de penser...

CLARISSE.

Non! tu voudrais vainement t'en défendre; ce trouble, que tes efforts ne peuvent me dérober, ne me laisse plus aucun doute. Tu aimes... et c'est l'épouse de ton bienfaiteur... c'est...

HARRY.

Silence! je te défends de prononcer son nom!

CLARISSE.

Misérable!... Ainsi c'est pour mieux t'assurer ta proie que tu veux que j'entraîne ton ami!

HARRY.

Eh bien! oui... c'est assez me contraindre, tu sais tout.

CLARISSE.

Et tu ne crains pas que j'instruise enfin Wilmore...

HARRY.

Il ne te croirait pas, et tu te perdrais en essayant de me trahir... D'ailleurs, je saurai bien te condamner au silence et t'obliger à servir encore ma haine.

CLARISSE.

De la haine contre le plus généreux des hommes!

HARRY.

En me faisant son éloge, tu ajoutes encore à l'aversion qu'il m'inspire. Mais puisque le sort t'a désignée pour m'aider à perdre l'homme que je déteste, deviens donc, malgré toi-même, la seule confidente de tous mes secrets, la complice de tous mes desseins. Apprends que, depuis mon enfance, Wilmore a fait le tourment de ma vie... Elevé près de lui, je le voyais entouré de sa famille, comblé des caresses de sa mère, tandis que moi, j'avais été rejeté dès ma naissance par les auteurs de mes jours qui ne daignèrent pas même me laisser un nom. Une main étrangère avait élevé mon enfance, une main étrangère encore soutenait mes premiers pas dans ce monde où je m'avançais sans naissance et sans nom ; j'en fus bientôt repoussé, tandis que Wilmore, au contraire, en devint l'ornement et l'idole. Si quelquefois on daignait jeter les yeux sur moi, c'est parce qu'il était mon protecteur. Un outrage plus sanglant encore m'était réservé. Une femme avait enflammé mon cœur ; elle était sans fortune, je pouvais prétendre à sa main ; mais Wilmore, que la fatalité plaçait toujours là, sur mon chemin, se présenta. Son rang, sa fortune lui valurent bientôt la préférence ; il devint, il y a deux ans, l'époux de la seule femme que j'aie aimée. Je voulais d'abord l'immoler à ma jalousie, mais ma vengeance n'eût point été satisfaite. Plus que sa mort, je voulus sa ruine et son déshonneur. Je dévorai ma haine, et j'attendis. L'heure est venue enfin. Il y a cinq mois, le hasard t'offrit à ma vue ; tes traits avaient frappé mes yeux ; bientôt ils surent toucher le cœur de Wilmore. Sous le charme de tes chaînes, il oublia tout. Grâce à toi, la ruine de Wilmore fut plus prompte ; elle est consommée. C'est son honneur maintenant qu'il me reste à flétrir ; j'en ai trouvé les moyens, et il dépend de moi de le rendre plus malheureux, plus à plaindre que je ne le fus jamais.

CLARISSE.

Et j'ai prêté l'oreille à cette horrible révélation !... Eh quoi ! ton âme a calculé de sang-froid une vengeance aussi perfide ?... Ah ! je suis bien méprisable, sans doute ; mais je sens à l'horreur que tu m'inspires quelle barrière le remords élève maintenant entre nous deux !... Et j'ai pu servir d'instrument à tant de perversité !... acheter au prix de l'infamie cet or, ces bijoux que je foule aux pieds (*Elle les arrache de sa parure.*), en maudissant la bassesse de mon âme, et le monstre qui m'a perdue !... Mais Wilmore saura tout, et je cours (*Harry fait un mouvement.*) Ah ! malheureuse ! qu'allais-je faire ! Je lis dans tes regards quel sort tu me réserves, et ce ne serait que morte que Wilmore me retrouverait. D'ailleurs, tu l'as dit, il n'en croirait ni mes discours ni mes sermens. Ah ! mes larmes seules peuvent encore le sauver !... Harry, j'embrasse tes genoux ; tu as dévoré sa fortune, consommé sa ruine, mais au nom du ciel, Harry, ne le déshonore pas !

HARRY, *la relevant.*

Son sort dépend de toi... Si tu hésites à suivre mes instructions, si Wilmore ne quitte pas cette ville avec toi, dès demain c'est fait de lui peut-être.

CLARISSE.

Grand dieu!

HARRY.

Des billets que tout-à-l'heure encore je viens de lui prêter...

CLARISSE.

Eh bien!

HARRY.

Ils sont faux. Un de mes amis, un graveur nommé Schmit, a fait une planche de billets de banque... et nous sommes associés.

CLARISSE.

Malheureux!

HARRY.

Quelques jours encore, et je n'aurai plus rien à reprocher à la fortune; alors je quitterai Londres pour n'y jamais rentrer. D'ici là, si, contre mon attente, mon secret était révélé... ce ne serait pas moi que la justice atteindrait.

CLARISSE.

Qui donc?

HARRY.

Ton amant!... Sans le savoir, il m'a servi; lui seul a mis en circulation ces dangereuses valeurs. En cédant à mes vœux, en fuyant avec Wilmore, aucun péril ne le menace plus; et dans un autre pays, vous pourrez en paix vivre l'un pour l'autre. Si tu l'aimes, tu n'hésiteras pas... Je t'ai livré tous mes secrets, et maintenant, pour gage de ta discrétion, tu vas me livrer ta vie... Jusqu'au bout, tu seras ma complice, oui, ma complice, je le veux. Prends cette plume et écris... Ah! pas de retard... il le faut.

CLARISSE, *à part.*

Horrible situation!

(Elle se place au pupitre.)

HARRY, *dictant.*

« Mon cher Harry, j'ai placé ce matin une partie de vos
» billets, nous en partagerons le produit quand vous voudrez;
» apportez m'en d'autres, Wilmore et moi...

CLARISSE.

Jamais je n'écrirai ce nom.

HARRY.

Quoi?

CLARISSE, *avec force.*

Plutôt la mort.

HARRY.

Eh bien! soit. « Je puis les faire passer facilement. » A présent, signe.

CLARISSE.

Quel usage prétendez-vous donc faire de cet écrit?

HARRY.

Il me servira de preuve contre toi si tu tentais de me trahir.

CLARISSE.

Je l'ai relu, il ne peut perdre que moi... j'obéis.

(Elle signe.)

HARRY.

Fort bien. Je suis tranquille maintenant; et toi-même, tu n'as rien à redouter. Demain, tu reverras Wilmore, arrache-lui son consentement; ton amour, ton intérêt te l'ordonnent. Quoi qu'il arrive, sois discrète; car s'il fallait me perdre... pour me venger de toi, tu sais bien que je n'hésiterais pas... Adieu.

(Il sort par l'escalier dérobé.)

SCÈNE VI.

CLARISSE, *tombant sur un fauteuil.*

Enfin il est parti... Quel horrible tourment il me laisse!... L'ai-je bien entendu?... Wilmore déshonoré... perdu pour jamais... Je frémis à l'idée du péril qui le menace. Comment l'engager à fuir sans lui faire connaître?... Non, Wilmore est un homme d'honneur, jamais il n'abandonnera celle qu'il a nommée son épouse; et moi-même, je n'oserai jamais... Que faire?... d'un moment à l'autre on peut découvrir... Le monstre a tout calculé! il a voulu que son imprudent ami allât lui-même porter, tout-à-l'heure, ces funestes billets... O ciel! quelle idée! N'a-t-il pas devant moi prononcé le nom du changeur?... Ah! si je pouvais rassembler mes souvenirs!... Cette fois, a-t-il dit, vous irez chez... chez Tom... oui, c'est cela... Tom, près du pont de Westminster... 2,000 livres... mais hélas! je ne les possède plus... Ah! ces diamans que tout-à-l'heure, dans mon désespoir... (*Elle les ramasse.*) Oui, joints à ceux que renferme mon écrin... Ah! s'il en était temps encore!... (*Elle prend son écrin.*) Ces pierreries doivent avoir coûté le double... Ah! quel plus noble usage en puis-je faire?... En les offrant, pour sauver Wilmore, je rachèterai peut-être la honte de les avoir reçus... Ne perdons pas un instant. (*Montrant la petite porte.*) Ce chemin est plus court, et d'ailleurs, j'éviterai les regards de mes gens... O mon dieu! tu as eu pitié de mon repentir, en m'inspirant une résolution généreuse, soutiens mes forces et mon courage, guide mes premiers pas dans le sentier de la vertu.

(Elle s'enveloppe d'une mante, et sort par la porte secrète.)

FIN DU PREMIER TABLEAU.

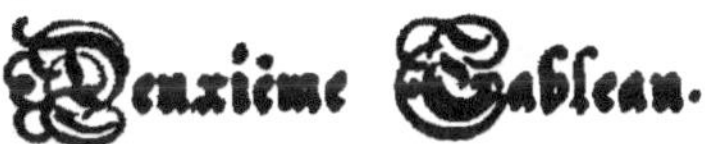

Le Théâtre représente un riche et vaste Salon, éclairé par de nombreux lustres, et où tout est préparé pour un bal brillant. — Au fond, trois grandes portes donnant sur un autre salon. — A droite, la porte de l'appartement de madame Wilmore. — A gauche, un cabinet de Wilmore.

SCÈNE PREMIÈRE.

LOUISA, JOBSON, JAMES, VALETS.

(*Louisa apporte une corbeille de fleurs à Jobson, qui les distribue aux domestiques. — Plusieurs autres sont occupés à allumer des lustres, à ranger des fauteuils, des tables de jeu, etc.*)

JOBSON.

Le jardin est illuminé, les lustres placés... James, préparez le punch, les glaces; dites à Jack qu'il compte sur quatre-vingt couverts pour le souper.

(Les domestiques sortent.)

LOUISA, *regardant partout.*

Quatre-vingt couverts!... Dieu! ça doit-il faire un beau coup-d'œil!... Chez nous on fait bien quelquefois des noces, mais il s'en faut qu'il y ait autant de monde... Ah ben! mon père serait dans un fier embarras! lui qui est tout seul avec la vieille Ketly, à sa cuisine, et qui n'a que deux fourneaux... je suis sûr' qu'il serait obligé de s'y prendre trois semaines d'avance. Tout ça va-t-il coûter de l'argent!

JOBSON.

Oui, beaucoup trop, malheureusement.

LOUISA.

Après tout, M. Wilmore est riche.

JOBSON, *à part, soupirant.*

Il l'a été du moins.

LOUISA.

Tout de même, mon bon petit oncle, ç'aurait été bien mal à vous de me priver du plaisir de voir cette belle fête-là; d'autant plus que je n'en ai pas encore vu comme celle de ce soir... Des toilettes superbes!... des costumes de tous les pays... des quadrilles... des déguisemens... oh! j'en rêverai pendant huit jours... Quelle différence avec notre auberge!... En vérité, je ne m'amuse que toutes les fois qu' vous me faites venir dans votre belle ville de Londres.

JOBSON.

Je craignais, en te faisant rester plusieurs jours de suite, d'inquiéter ton père; mais demain matin je te ferai reconduire de bonne heure... si je ne t'accompagne pas moi-même... (*A part.*) Mais avant, il faut que j'apprenne tout à Madame... oui... j'ai trop tardé peut-être... (*Haut.*) Louisa, entre au petit salon; c'est toi que je charge d'offrir les bouquets aux dames.

LOUISA.

Oh! soyez tranquille, mon oncle, je n'en oublierai pas une, non plus que les révérences.

JOBSON.

C'est bon... va-t-en... Voici Madame.

(Louisa sort. — Jenny entre en scène, elle est en toilette de bal; mais sa tristesse profonde forme un contraste avec sa brillante parure.)

SCÈNE II.

JENNY, JOBSON.

JENNY.

L'heure de la réunion approche. Jobson, votre maître est-il chez lui?

JOBSON.

Non, Madame.

JENNY, *à part.*

Toujours sorti. (*Haut.*) Jobson, vous m'avertirez aussitôt qu'il rentrera.

JOBSON.

Oui, Madame... mais avant, je voudrais avoir l'honneur de vous parler... J'ai toujours remis cet entretien... je crains tant de vous faire de la peine!

JENNY, *vivement.*

De la peine!... Qu'avez-vous donc à m'apprendre ?

JOBSON.

Depuis que nous sommes venus habiter Londres, les banquets, les soirées, les bals se sont succédés bien rapidement, et Madame ne se doute peut-être pas de tout ce que cela a coûté.

JENNY.

Vous savez, mon ami, que mon mari règle seul les frais de sa maison. J'ai bien craint quelquefois que le ton que nous avons pris ne fût au-dessus de nos moyens... je l'ai dit à Wilmore ; mais il m'a toujours rassurée, en m'affirmant qu'il était loin encore d'épuiser ses revenus.

JOBSON.

Ah! ma chère maîtresse, il vous trompait.

JENNY.

O ciel!

JOBSON.

Apprenez donc que depuis près d'un an tout ce qu'il possédait a été vendu ou engagé. Mon attachement pour votre époux me fesait un devoir de l'éclairer, mes conseils ont été méprisés... J'ai voulu lui présenter mes comptes, il a refusé de les voir. Tant que j'ai cru mes services nécessaires au fils de mon ancien maître, j'ai dû ne pas l'abandonner ; mais, dès que je ne suis plus à ses yeux qu'un valet inutile. importun sans doute, je ne puis demeurer davantage; en vous quittant, ma chère maîtresse, mon cœur sera déchiré, mais je ne serai pas témoin des malheurs qui vous menacent.

JENNY.

Ruinés! ruinés, grand Dieu! lorsque tout encore présente ici l'aspect de l'opulence! Mon cher M. Jobson, je vous en supplie, ne nous abandonnez pas! O mon Dieu! à quelle épreuve me réserviez-vous?

(Elle tombe anéantie sur un fauteuil. — Dans ce moment Harry paraît.)

SCÈNE III.

LES MÊMES, HARRY.

HARRY, *bas à Jobson.*

Qu'est-il donc arrivé, M. Jobson?

JOBSON.

Hélas! je viens d'apprendre à Madame le triste état de nos affaires.

HARRY, *bas.*

Je comprends sa douleur.... mais laissez-moi seul avec elle.

JOBSON.

Oui, Monsieur. (*A part.*) Ma pauvre maîtresse! Oh! décidément je partirai cette nuit.

SCÈNE IV.

HARRY, JENNY, *qui dans son accablement se croit seule.*

HARRY, *l'examinant.*

L'aveu de Jobson ne pouvait venir plus à-propos... Elle pleure... elle maudit sans doute les folles prodigalités de son époux... l'instant est favorable pour porter à son cœur le coup que je lui réservais... John doit être à son poste... Maintenant, montrons-nous.

(Il fait un pas vers Jenny.)

JENNY, *se croyant seule.*

Ah! je me croyais plus de courage!...

HARRY, *doucement.*

Madame...

JENNY.

C'est vous, Harry ? ma douleur vous dit assez que Jobson a parlé... Vous étiez instruit, sans doute, et vous m'avez si long-temps caché mon malheur !...

HARRY.

Il m'en eût trop coûté de vous faire ce funeste aveu... Wilmore a repoussé mes conseils... il en est cruellement puni...

JENNY.

C'en est donc fait...... ce luxe qui nous environne encore va disparaître, et faire place aux horreurs de la misère... Ce n'est pas pour moi que je la redoute : née de parens sans fortune, une honnête médiocrité devait être mon partage, l'amour de Wilmore en me faisant connaître la richesse, ne m'avait pas fait oublier l'humble état où s'était écoulé mon enfance. J'y rentrerai avec moins de regrets, mais lui, il n'a pas appris à souffrir ; il n'était pas né pour connaître le malheur.... Insensé!... ta femme seule veillera près de toi... tout le monde va nous abandonner !

HARRY.

Que dites-vous ? Ah! que vous me connaissez mal. Ne vous souvient-il plus de ce temps où j'osai vous offrir un hommage que celui de Wilmore vint bientôt éclipser ; ce n'était pas un vil intérêt alors qui m'attirait vers vous, vous étiez pauvre alors, et pourtant un mot d'amour, le don de votre main, eussent fait le bonheur de ma vie... Un instant je crus obtenir le titre de votre époux... Rappelez-vous ces aveux que vous écoutiez sans colère, ces projets pour un heureux avenir que vous ne repoussiez pas... Mes regards, en interrogeant les vôtres un moment y puisèrent l'espérance.

JENNY.

Harry!...

HARRY.

Ce n'était qu'un rêve, et Wilmore l'a détruit! pour lui seul l'amour devait parler à votre cœur... Mais si mon âme fut déchirée par la préférence que vous donnâtes à un autre, jamais ma bouche ne proféra de murmure ; ne pouvant être votre époux, je jurai du moins d'être votre ami... Et je vous fuirai alors que ma présence vous devient nécessaire ! Ah! si Wilmore eut des torts envers vous, avec quelle ivresse je tenterai de les réparer !

JENNY.

Que dites-vous ?

HARRY.

Oui, tandis qu'il prodiguait dans de vains plaisirs cette fortune qu'il tenait de ses aïeux... je conservais précieusement le peu de bien que je devais à mon travail ; ma sévère économie a doublé ce faible avoir ; une seule pensée occupait mon esprit, lorsque je m'imposai quelque nouveau sacrifice... c'est pour elle, me disais-je, pour cette Jenny que j'ai tant aimée, que j'aime encore.

JENNY.

Ce langage...

HARRY.

Oui, que j'aime encore.... comme ma sœur, au moins. Avant de vous avoir vue, je n'avais rien éprouvé : abandonné par des parens inconnus, mon cœur n'avait jamais palpité près d'une mère, d'une sœur... Fermé jusqu'alors aux plus doux sentimens de la nature, vous seule les lui avez fait connaître ; en vous seule j'ai concentré toutes mes affections ; à vous, à vous seule j'ai fait le serment de consacrer ma vie entière... Croyez-vous encore que je puisse vous abandonner ?

SCÈNE V.

LES MÊMES, JOBSON.

JOBSON.

Madame...

JENNY.

Que me voulez-vous ?

HARRY, *à part, avec un sourire.*

Elle était attendrie.

JOBSON.

Un inconnu vient de me remettre, pour vous, cette lettre qu'il dit être très-pressée.

JENNY.

Pour moi ?

HARRY, *bas à Jobson.*

Mon cher M. Jobson, je crains que M. Worms, le principal créancier de votre maître, se présente aujourd'hui ; veillez, je vous en supplie, à ce qu'il ne s'adresse qu'à vous.

JOBSON, *bas.*

Oui, je vous comprends, Monsieur... Il faut qu'on ignore le plus long-temps possible... Comptez sur moi.

(Il sort.)

SCENE VI.

JENNY, HARRY, *puis* WILMORE.

JENNY.

Qui peut m'écrire?

HARRY.

Quelque nouveau créancier de votre époux, sans doute.

JENNY.

Hélas! ma main tremble en brisant ce cachet. Que vais-je apprendre?

HARRY, *à part.*

En croira-t-elle cette lettre?

JENNY, *lisant.*

« Madame, votre époux vous trahit. » O ciel! « La véritable » cause du dérangement de ses affaires, est son amour pour » une femme nommée Clarisse; c'est pour elle qu'il a con- » sommé votre ruine. » Ah! malheureuse!

HARRY.

Est-il possible?... Wilmore!

JENNY.

Il en aime une autre!...

HARRY, *à part.*

Le coup a porté juste.

JENNY.

Ah! ce dernier malheur est au-dessus de mes forces.

WILMORE, *derrière le théâtre.*

Aussitôt que la société arrivera, vous me ferez prévenir.

JENNY.

C'est la voix de mon mari.

HARRY, *à part.*

Fâcheux contretemps!

JENNY.

Harry, laissez-nous ensemble.

HARRY.

Vous voulez.....

JENNY.

Connaître enfin mon sort, et mourir si je fus trahie... Il approche. Sortez par mon appartement, et veillez à ce qu'on ne vienne pas nous interrompre.

HARRY.

Je vous obéis. (*A part.*) Il adore Clarisse, je n'ai rien à craindre de cette explication.

(Il sort.)

SCÈNE VII.

JENNY, WILMORE.

WILMORE.

Chère Jenny! Que vois-je? des pleurs... Mon amie... quel motif?

JENNY.

Tu me le demandes, Wilmore, quand depuis deux mois tu daignes à peine me donner quelques instans.

WILMORE.

Ah! pardonne-moi, ma bonne amie... Ces absences étaient indispensables; mes occupations seules...

JENNY.

Mon ami, je ne me plains pas; je voudrais même te cacher ces larmes qui s'échappent malgré moi de mes yeux; mais si ta légèreté, si l'abandon dans lequel tu me laisses, pouvait faire soupçonner que je fusse malheureuse...

WILMORE.

Quelles idées! Eh! qu'y a-t-il donc dans ma conduite qui puisse me mériter tes reproches?

JENNY, *avec douceur.*

Ah! ce ne sont que des conseils. Interroge ton cœur, et dis moi quels amis peuvent valoir la confiance et l'amour de ta femme? En cherchant à te ramener à tes devoirs, c'est aussi ton bonheur qui m'occupe. Aveuglé par l'attrait du plaisir, tu n'aperçois pas l'abîme entr'ouvert sous tes pas.

WILMORE, *surpris.*

Jenny!...

JENNY, *continuant avec plus de chaleur.*

O mon ami! si jamais je te fus chère, consens à quitter ces lieux... abandonnons une ville où trop d'écueils t'environnent, fuis des dangers que tu n'as pas la force de combattre, promets-moi que... demain nous partirons.

WILMORE.

Quitter Londres!... et pourquoi?

JENNY, *avec intention.*

Si rien ne t'y attache, pourquoi ne pas exécuter un projet que la raison ordonne? Songes-y bien, Wilmore, s'arracher volontairement à la séduction, c'est prouver qu'on n'était qu'égaré ; persévérer dans sa faute, c'est marcher de l'imprudence au crime.

WILMORE.

Quel langage! quel démon jaloux de notre bonheur... O ma Jenny! bannis tes alarmes, ton époux n'a pas cessé de t'adorer, et je le jure...

JENNY.

Malheureux! n'achève pas; je veux encore t'éviter un blasphême. Tiens, prends cet écrit, et si ce qu'il contient est faux, ose le lire sans te troubler.

(Elle lui donne le billet.)

WILMORE.

Que signifie... (*Il lit.*) Qu'ai-je lu?

(Il reste anéanti.)

JENNY, *l'examinant.*

Il est donc vrai, une autre m'enlève ton amour! une autre a trouvé le chemin de ton cœur! Quels sont donc ses avantages sur moi? Elle est plus belle sans doute; mais son âme renferme-t-elle pour toi un attachement aussi vrai? le ciel a-t-il reçu vos sermens? les a-t-il consacrés en la rendant mère?... Non... il a dû les maudire... car les liens qui vous unissent sont criminels. La rougeur qui couvre ton front m'atteste assez que, toi-même, tu n'en saurais douter; et tu peux hésiter à la rompre, à arracher de ton sein une passion qui te déshonore et me tue?... Pauvre et sans famille, je n'étais pas digne de toi, peut-être; mais tu m'as nommée ta femme, et j'en réclame les droits; il n'en est pas de plus sacrés que ceux d'épouse. Ce sont là mes titres à ton amour, et la mort seule peut m'en déshériter.

(Elle tombe presqu'évanouie à ses pieds.)

WILMORE, *la relevant, et la portant sur un fauteuil.*

Grand dieu!... Chère Jenny, reviens à toi... je fus bien coupable... mais je puis encore tout réparer... Jenny, pardonne à un moment de délire... je maudis mon criminel égarement, puisqu'il coûte des pleurs à la plus généreuse des femmes......... A ta voix, mon cœur s'est ouvert au repentir... toi seule l'occupe... il ne t'a fallu qu'un moment pour en bannir toute autre image que la tienne... Ah! crois-en mes sermens et mes larmes... Jenny, c'est à tes pieds que je jure, devant le Ciel, de n'adorer jamais que l'épouse de mon choix.

JENNY, *d'une voix faible.*

Ah ! tu me trompes encore, peut-être... consens à quitter Londres...

WILMORE.

Demain, aujourd'hui même, si tu l'exiges.

JENNY, *tombant dans ses bras.*

Ah ! j'ai retrouvé le cœur de mon époux !

SCENE VIII.

LES MÊMES, HARRY.

HARRY, *à part, les voyant embrassés.*

Que vois-je !... (*Haut.*) Pardon, si j'entre ainsi; mais la société se rassemble dans les salons, on s'inquiète de ne pas vous voir, Madame.

JENNY.

Ah ! je suis trop émue... je ne puis...

HARRY.

M. Nelson est arrivé.

WILMORE, *avec douceur.*

Quel prétexte donner à ton absence ?

JENNY.

Mais... ils verront que j'ai pleuré; pourtant, jamais une plus douce joie n'a fait battre mon cœur.

HARRY, *à part.*

Que dit-elle ?

JENNY.

Tu le veux, je me rends au salon... ne tarde pas à m'y rejoindre.

(Elle sort en souriant.)

SCÈNE IX.

HARRY, WILMORE, *puis* JOBSON.

HARRY.

Que s'est-il donc passé?

WILMORE.

Jenny sait tout; elle m'a rappelé mon devoir... J'ai vu Clarisse pour la dernière fois.

HARRY, *à part.*

Il se pourrait... il l'emporte encore sur moi.

JOBSON.

Ah! Monsieur, je vous cherchais.

WILMORE.

Qu'avez-vous ? pourquoi cette agitation?

JOBSON.

M. Worms est là.

WILMORE.

Grand dieu!

JOBSON.

Il demande ses fonds... il a, dit-il, trop long-temps attendu. Si dans une heure il n'a pas les 1,500 livres sterlings que vous lui devez, il menace de faire saisir.

WILMORE.

Ah! malheureux que je suis!... Eh quoi! Jobson, ne vous reste-t-il aucune ressource?

JOBSON.

Aucune... Vous ne possédez plus que votre terre de Forshire.

HARRY, *à part.*

Voici l'instant d'achever sa perte. (*Haut.*) J'avais prévu ce dernier assaut; je suis allé chez Mac-Ormann, il consent à vous prêter la somme dont vous avez besoin... mais...

WILMORE.

Ah! j'accepte toutes les conditions.

(Ici la musique du bal se fait entendre.)

HARRY.

Il exige que la propriété de Forshire lui soit donnée en nantissement, avec la condition expresse qu'elle lui appartiendra si, dans le délai d'un mois, il n'est pas rentré dans ses avances.

WILMORE.

C'est tout ce que je possède.

JOBSON, *pleurant.*

Hélas! c'est dans cette propriété qu'est mort mon pauvre maître... c'est là qu'est élevé son tombeau.

WILMORE, *avec émotion.*

O mon père!

HARRY.

Ah! je conçois votre hésitation, et j'étais même tellement sûr que vous n'accepteriez pas cette proposition, que ce n'a été qu'avec répugnance que je me suis chargé de ce papier, qu'il n'y a plus qu'à signer, et de cette somme que Mac-Ormann m'avait remise; mais j'approuve votre refus, et je vais...

WILMORE.

Arrête!... je dois, avant tout, éviter un éclat qui achèverait de me perdre... Dans un mois, dis-tu?... donne.

JOBSON.

Mais songez donc, mon cher maître, que vous vous ruinez sans retour.

WILMORE.

Il le faut. (*Il court à un petit meuble, et signe.*) Je ne serai pas déshonoré. Tiens, porte ce billet à Mac-Ormann... Moi, je cours satisfaire Worms (*A part.*), et donner des ordres pour mon départ.

(Il sort par le fond.)

HARRY, *à part.*

Il vient de payer cher un instant de bonheur!... Sous le nom de Mac-Ormann, c'est moi qui suis maintenant propriétaire du seul bien qui lui restait, et il ne sait pas quelles funestes valeurs il vient de recevoir en échange. Jenny, nous verrons si ton amour résistera à l'opprobre et à la misère.

(Il sort.)

SCENE X.

JOBSON, LOUISA, MUSICIENS.

JOBSON, *essuyant ses yeux.*

Allons, tâchons au moins qu'on ne s'aperçoive de rien.

LOUISA, *entrant gaîment.*

Mon oncle! mon oncle!

JOBSON.

Qu'y a-t-il donc?

LOUISA.

Oh ben! y a tant de monde là-dedans, que Madame veut que vous fassiez placer ici l'orchestre, attendu que ce salon est le plus grand de l'hôtel.

JOBSON.

Être obligé de songer à une fête dans un pareil moment!... (*Aux domestiques.*) Rangez ces pupitres dans le petit salon, placez les tables de jeu. Voici Madame et sir Nelson.

(On exécute les ordres de Jobson. — Les musiciens se placent. — Les portes s'ouvrent, et la foule de dames élégantes, qui encombrent les salons du fond, garnit bientôt la scène. — Des domestiques apportent des bouquets.)

SCÈNE XI.

JENNY, JOBSON, LOUISA, PERSONNES INVITÉES, DOMESTIQUES, *etc.*

(Jenny entre en saluant tout le monde. — A peine est elle placée, que l'orchestre donne le signal ; il joue la contre-danse à la mode. — On forme des quadrilles. — Chaque dame, en entrant, a reçu un bouquet.)

NELSON.

Je m'étonne, Madame, de n'avoir point encore aperçu votre époux.

JENNY.

Il est en ce moment occupé d'une affaire importante, et m'a chargée de le remplacer auprès de vous.

NELSON.

Je n'ai donc plus le droit de me plaindre de son absence.

(Après le premier quadrille, tout le monde se foule comme dans un salon. — Les hommes enlèvent les plateaux aux domestiques, pour offrir eux-mêmes les rafraîchissemens. — Dans ce moment, une femme, mise avec une élégante simplicité, paraît ; elle cache sa figure avec son mouchoir, et semble chercher quelqu'un ; c'est Clarisse.)

CLARISSE, *à un domestique.*

Madame Wilmore est-elle dans ce salon ?

LE DOMESTIQUE.

La voilà, Madame.

CLARISSE, *à part.*

Comme elle est entourée !... je n'ose approcher... et cependant, elle seule peut prévenir, peut sauver Wilmore... Les billets n'étaient plus chez Tom... Un instant de retard peut achever sa perte.

(L'orchestre donne le signal de la seconde contre-danse, on s'éloigne de Jenny pour prendre place aux quadrilles. — Clarisse a profité de ce moment pour s'approcher de Jenny.)

CLARISSE, *bas à Jenny.*

Madame, commandez à votre trouble... prêtez l'oreille à ce que je vais vous dire ; surtout, suivez mes avis, il y va de votre repos... de la liberté de Wilmore.

JENNY.

Grand dieu!

CLARISSE.

Au nom du ciel! ne vous troublez pas... L'ordre d'arrêter votre époux est donné; mais tout est prêt pour son départ, une chaise de poste, des chevaux, sont dans votre cour... Qu'il s'éloigne, dans quelques instans, peut-être, il sera trop tard.

(Elle disparaît dans la foule. — Au même instant, Wilmore reparaît.)

WILMORE, *à part.*

Worms est payé; et du moins, pour quelque temps, je suis tranquille.

(La contre-danse finit.)

UN DOMESTIQUE.

Le souper est servi.

(Mouvement vers le fond.)

JENNY, *s'élançant vers Wilmore.*

Mon ami, on en veut à ta liberté!... Il faut fuir... et tu n'as qu'un moment.

(Grand bruit au fond.)

TOUT LE MONDE, *reculant.*

Un Constable!

JENNY, *près de Wilmore.*

Il n'est plus temps!

SCENE XII.

LES MÊMES, UN CONSTABLE, JOBSON.

JOBSON, *montrant Wilmore.*

Monsieur, voici mon maître.

LE CONSTABLE.

M. Wilmore, au nom du Roi, je vous arrête.

(Mouvement général. — Dans ce moment, Harry a paru au fond du Théâtre.)

HARRY, *à part.*

Ciel! déjà découvert!...

WILMORE.

Moi, Monsieur, qu'ai-je donc fait?

LE CONSTABLE.

Vous êtes impliqué dans une affaire de billets faux, et j'ai ordre de m'assurer de vous.

(Deux agens du Constable approchent de Wilmore.)

WILMORE, *les repoussant.*

C'est une horrible calomnie! Je ne crains rien... ma chère Jenny, une erreur seule...

NELSON.

Ne résistez pas, Wilmore... Innocent, comme je n'en puis douter, vous n'en devez pas moins obéissance aux lois et respect aux magistrats.

JENNY.

Mon ami!...

WILMORE, *au Constable.*

Je suis prêt à vous suivre.

NELSON, *à Jenny.*

Je vais l'accompagner, et le ramènerai bientôt dans vos bras.

(Le Constable donne l'ordre du départ. — Jenny est évanouie aux pieds de son époux. — Louisa, effrayée de la présence du Constable, vient se cacher dans les bras de Johson. — Harry semble atterré; il évite tous les regards. — Le fond est garni de monde. — Le tableau est général, et la toile tombe.)

FIN DU DEUXIÈME TABLEAU ET DU PREMIER ACTE.

ACTE II.

Troisième Tableau.

Le Théâtre représente une salle d'entrée de la prison. — A droite du spectateur, au deuxième plan, un escalier en pierre conduisant au tribunal. — Au quatrième plan, une grille ou guichet donnant au dehors. — A gauche, un autre escalier en pierre menant à un cachot. — Au dessous de la scène, quelques marches. — Au fond, une longue galerie conduisant à d'autres cachots éclairés ainsi que la scène, par quelques lanternes éloignées ne jettant qu'une lumière sombre et rougeâtre. — Au lever du rideau, le Juge d'instruction est assis à une table, un Greffier écrit, et Wilmore est debout devant eux. — Au fond, le Guichetier et des gens.

*

SCÈNE PREMIÈRE.

NELSON, WILMORE, WILLIAMS, GUICHETIERS, UN HUISSIER.

NELSON.

N'avez-vous plus rien à dire?

WILMORE, *avec dignité.*

Non, Monsieur, mon langage a été celui de la vérité; je n'en changerai pas.

NELSON.

Wilmore, chargé d'instruire votre procès, j'ai dû vous interroger d'abord comme Juge (*Se levant.*), maintenant c'est comme ami que je vous supplie de rompre ce funeste silence.

WILMORE.

Je vous remercie de l'intérêt que vous daignez prendre à mon sort; mais, je vous le répète, vos généreux efforts seront inutiles: je n'ai rien à avouer.

NELSON.

Mais songez donc à quels dangers vous expose ce système de dénégation. J'espère encore que la réflexion vous fera sentir l'imprudence de votre conduite : innocent, vous ne consentirez pas à porter la peine du crime d'autrui ; coupable, vous mériterez la clémence de vos juges en faisant connaître vos complices.

UN HUISSIER.

Les changeurs Tom et Wilfred sont dans votre cabinet.

NELSON, *bas à l'Huissier.*

M. Harry ne s'est point encore rendu à mon invitation ?

UN HUISSIER.

Non, Monsieur... les changeurs seuls...

NELSON.

Je vais recevoir leurs dépositions. Faites rentrer sir Wilmore... Monsieur, rappelez-vous dans quelle douleur nous avons laissé votre malheureuse épouse ; songez qu'un mot suffirait pour la rendre au bonheur...

WILMORE.

Ah ! s'il vous était possible de lire dans le fond de mon cœur, vous me plaindriez peut-être, et je serais digne encore de ce titre d'ami que déjà vous m'avez retiré.

(Au moment de sortir, Nelson, par un mouvement involontaire, tend la main à Wilmore qui la lui presse. — Nelsou sort. — Wilmore rentre dans sa prison.)

SCÈNE II.

WILLIAMS, *seul.*

A la bonne heure ! voilà comme j'aime les prisonniers, ça se laisse conduire comme un agneau. Je souhaite de tout mon cœur que celui-là reste long-temps ici. (*On frappe au guichet.*) Oh ! oh ! qui frappe ?

(Il ouvre.)

SCÈNE III.

WILLIAMS, HARRY.

HARRY.

Sir Nelson.

WILLIAMS.

Il est dans son cabinet, mais vous ne pouvez lui parler maintenant.

HARRY.

C'est lui qui m'a mandé ; veuillez le prévenir que je me suis rendu à ses ordres.

WILLIAMS.

Votre nom ?

HARRY, *avec précaution.*

Harry !

WILLIAMS.

Fort bien, je vais le faire avertir. Scot ! (*Un homme paraît. — Williams lui dit quelques mots ; l'homme sort par la même porte que sir Nelson.*) Maintenant si vous voulez attendre sa réponse.

(Il lui pousse une chaise et va se remettre au fond. — Harry tombe sur la chaise, il est pâle, presqu'en désordre, il tient à la main une lettre.)

HARRY.

C'est bien à moi que ce billet est adressé ? c'est bien moi que le juge a mandé ?... que me veut-il ? La découverte imprévue de mon secret a déjoué tous mes desseins... Demain, dans quelques jours, j'en suis sûr, Clarisse eût entraîné Wilmore... J'avais rassemblé une somme considérable, je quittais Londres, pour n'y jamais rentrer. Jenny abandonnée m'eût suivi sans doute... L'événement de cette nuit a détruit toutes mes espérances ; Wilmore interrogé m'a déjà nommé, peut-être... Que faire ?... En recevant cette lettre, mon premier mouvement a été de m'éloigner rapidement de cette ville ; mais ma fuite m'eût accusé bien davantage... Une feinte sécurité devait en imposer... Je suis venu... me voilà !.... Wilmore peut-il me perdre ?... Non, son témoignage seul ne suffira pas... il n'a pas d'autres preuves... je nierai... Clarisse !... Clarisse est bien plus à craindre... mais elle me connaît trop bien pour n'être pas certaine que je tiendrai ma promesse... Elle se taira... Schmit, que je quitte à l'instant, n'est nullement soupçonné.... Rassurons-nous donc, cette lettre est un vain fantôme dont je m'effrayais à tort.

WILLIAMS.

Voilà sir Nelson.

HARRY, *à part.*

Son œil vainement interrogera mon visage... il sera muet.

SCENE IV.

HARRY, NELSON, WILLIAMS, Soldats.

(Nelson paraît suivi de Williams.)

NELSON, *bas à Williams.*

Faites porter cette lettre à mistriss Wilmore. (*Williams sort. — Nelson s'adressant à Harry.*) Vous devinez sans doute, Monsieur, le motif qui m'a fait vous demander ?

HARRY.

Le motif?...

NELSON.

Vous savez quelle scène affreuse a troublé la soirée que donnait hier M. Wilmore?

HARRY.

Je m'étais absenté un instant, et je rentrais au salon, lorsque l'étonnement de ses valets, les cris de son épouse, et le désordre général, m'ont appris les horribles soupçons qu'on a osé former contre lui.

NELSON.

Et sans doute vous êtes loin de les partager ?

HARRY.

Moi, Monsieur ?

NELSON.

Veuillez me répondre franchement, et ne rien craindre du ministère que j'exerce... Depuis plusieurs années, j'avais perdu de vue M. Wilmore; mais je n'ai pas oublié l'amitié qui liait sa famille à la mienne, et, si je sollicite de vous quelques éclaircissemens, n'en cherchez d'autre raison que l'intérêt que je lui porte, et mon désir de le sauver.

HARRY, *à part.*

Il ne se doute de rien. (*Haut.*) Quoi! Monsieur, vous auriez les moyens?...

NELSON.

Cela dépendra, du moins, de ce que vous allez me dire. Répondez-moi, le croyez-vous coupable ?

HARRY.

Coupable ! Wilmore?... non, non, Monsieur.

NELSON.

Ainsi, rien dans ses habitudes n'avait frappé vos regards,

éveillé vos craintes?... Enfin, lui connaissez-vous quelque défaut qui puisse faire supposer...

HARRY.

Des défauts?... lui!... Eh! Monsieur, quel témoignage plus éclatant puis-je rendre de la bonté de son cœur, que de citer tout le bien qu'il m'a fait à moi-même?

NELSON.

N'avez-vous pas été surpris de l'énormité de ses dépenses? Si j'en crois des gens assez bien informés, plusieurs de ses biens ont été vendus depuis peu.

HARRY.

Ah! j'ai voulu souvent mettre un frein à ses prodigalités; mais le goût du monde, sa manie de briller, l'ont constamment emporté sur mes conseils. Trop de sécurité pour le présent, et d'insouciance sur l'avenir, ont réalisé les événemens qu'avait prévus ma vigilante amitié. Une fortune énorme a été dissipée en peu de temps; de faux amis se sont partagé ses dépouilles, et Wilmore, avec les plus belles qualités, sera bientôt aussi malheureux, aussi méprisé, peut-être, que s'il avait eu tous les vices de ceux qui ont aidé à sa ruine.

NELSON.

Sa ruine!... quelle affreuse lumière!... Quoi! vous êtes bien certain?...

HARRY.

Hélas! il m'est impossible d'en douter. Depuis plusieurs mois, je l'ai, moi-même, aidé de mes propres ressources.

NELSON.

Et cependant, hier, l'un de ses créanciers a été payé.

HARRY.

Se peut-il?...

NELSON.

M. Worms a reçu de lui 1,500 livres sterlings en faux billets, et une somme pareille a été trouvée dans son portefeuille, au moment où il fut arrêté.

HARRY.

O ciel! Wilmore!

NELSON.

Présumant qu'il pouvait bien n'être qu'une victime innocente, mais à peu-près sûr qu'il connaît du moins le vrai coupable, tous mes efforts ont eu pour but de pénétrer son secret, et, pour y parvenir, je viens d'envoyer à mistriss Wilmore une permission de communiquer avec son époux. J'espère que sa voix aura sur lui plus de pouvoir que la mienne.

HARRI, *à part.*

O ciel! Jenny!... Il faut avant.... (*Haut.*) Cette conduite me paraît dictée par la prudence, et je veux joindre mes efforts aux vôtres. Quels que soient les motifs qui engagent Wilmore à taire le nom du véritable auteur du crime, qu'il me soit permis de le voir, et j'espère le forcer à rompre le silence. Il entendra mes reproches, mes prières... Oui, mon cœur me dit que je dois réussir à le sauver.

NELSON.

Bien, Monsieur; à ce noble élan, à ce touchant intérêt, je reconnais en vous un véritable ami de Wilmore. Voyez-le donc, et puissent vos efforts être plus heureux que les miens! Williams, Monsieur peut parler au prisonnier. Quoiqu'il m'en coûte, je vais m'occuper à rassembler les preuves qui l'accablent. Avec quel plaisir je les trouverais insuffisantes!... Restez donc; moi, je vais remplir un pénible devoir.

(Il sort.)

SCENE V.

HARRY, WILLIAMS, *au fond.*

HARRI.

Il me laisse, et n'emporte aucun soupçon... je n'ai plus rien à craindre de ce côté. Jenny va venir pour arracher à son époux l'aveu qu'il refuse... cet entretien pourrait me perdre... Une idée soudaine s'offre à mon esprit. (*A Williams.*) Vous avez entendu sir Nelson, je puis voir le prisonnier.

WILLIAMS.

Je vais l'amener.

(Il va ouvrir la prison de Wilmore.)

HARRY.

Je n'ai plus qu'un seul moyen de le forcer au silence... il est bien dangereux, et peut tourner contre moi!... N'importe, il faut que mon sort se décide... n'attendons pas l'arrivée de Jenny. On approche, c'est lui!... Allons, point de ridicule faiblesse... si près du but, il faut l'atteindre à quelque prix que ce soit.

WILMORE, *entrant.*

Qui demande à me voir?... Ciel! Harry!

SCENE VI.

LES MÊMES, WILMORE.

HARRY.

D'où vient votre surprise? ne deviez-vous pas m'attendre?

WILMORE, *avec défiance.*

Toi!... en effet... et cependant... (*A part.*) Me serais-je trompé?

HARRY, *à part.*

Il me semble qu'à sa vue j'ai moins de courage.

WILMORE, *examinant attentivement Harry.*

Sans doute, la place d'un véritable ami était marquée près de moi; et pourtant, te l'avouerai-je, Harry, je ne comptais plus te revoir.

HARRY, *regardant autour de lui.*

Comment?

WILMORE.

Oui, de sinistres idées s'étaient offertes à mon esprit; il me semblait que, plus que moi, tu devais craindre d'approcher de ces lieux... En rappelant mes souvenirs, en cherchant à m'expliquer la funeste erreur dont je suis la victime, un horrible soupçon... Mais je te vois, et ta présence a suffi pour chasser de mon cœur toute pensée outrageante... pardonne-moi donc cet instant de faiblesse... Sans doute tu viens me faire connaître la source fatale où tu puisas ces funestes billets.

HARRY.

Oui, tout vous sera révélé... Je viens vous dénoncer le vrai coupable.

WILMORE.

Ah! c'est à toi qu'il appartenait de me rendre à la liberté!... et j'ai pu te soupçonner... Ah! comment réparer jamais mes torts envers toi?... Tu vas donc nommer à Nelson l'homme sur lequel il doit diriger ses recherches.

HARRY.

Non, vous-même... vous vous chargerez de ce soin... mais avant, vous jugerez si cet homme est tout-à-fait indigne de votre pitié. Sans naissance, sans nom, il n'a dû qu'à la généreuse amitié d'un protecteur l'existence oisive qu'il traîne depuis dix années. Fatigué d'un destin si précaire, il a tenté de ravir à la fortune ce qu'en mère marâtre, elle lui avait refusé. Son industrie lui révéla des ressources criminelles, sans doute, mais que son désespoir adopta sans examen... Quelques jours devaient lui suffire pour assurer son sort. Dès cet instant, il eût brisé lui-même la planche fatale, ouvrage de ses mains... mais le ciel lui refusa l'impunité dont il s'était flatté. Il avait choisi, pour émettre ces funestes valeurs, un homme dont le nom et le rang devaient écarter jusqu'à l'apparence du soupçon, et ce fut là sa plus grande faute, puisqu'il compromit celui de tous qui méritait le plus sa reconnaissance et son respect... Vous frémissez, Wilmore... vous me comprenez donc... Oui, ces premiers soupçons, que votre noble cœur a aussitôt rejetés que conçus, n'étaient que trop fondés!... Ce misérable, qui n'a pas craint de vous rendre le complice involontaire de son crime, qu'à votre tour vous voulez, avec justice, livrer à la vengeance des lois... il est devant vous.

WILMORE.

Malheureux! il est donc vrai?...

HARRY.

Si je vous connaissais moins, déjà l'espoir aurait fui de mon cœur; mais je vous sais si généreux... D'ailleurs ce n'est pas pour moi seul que je vous implore...

WILMORE.

Que voulez-vous dire?

HARRY.

Une autre personne, qui vous est plus chère encore, s'est rendue comme moi indigne de votre tendresse.

WILMORE.

Achevez.

HARRY.

Clarisse...

WILMORE.

Grand dieu!

HARRY.

Oui, Clarisse, égarée ainsi que moi par la soif de l'or, est ma complisse. Votre âme a peine à croire à tant de perversité... cette lettre ne vous laissera plus aucun doute.

WILMORE, *prenant la lettre.*

Clarisse aussi serait coupable!

HARRY.

D'anciennes relations, qu'il est inutile de vous faire connaître maintenant, existaient entre elle et moi lorsque commença votre liaison avec elle; je ne la vis plus qu'en secret, pour ne point éveiller en vous des soupçons qui nous eussent perdus tous les deux. Wilmore, vous tenez à présent notre sort entre vos mains; un mot de votre bouche, et cette lettre, que je remets entre votre pouvoir, suffisent pour nous envoyer à l'échafaud. Indigne de votre amitié, je n'ose plus vous implorer que pour cette Clarisse que vous avez tant aimée.

WILMORE.

Elle a pu consentir...

HARRY.

Mes funestes conseils l'ont seuls entraînée... Ah! que ne pouvez-vous en la sauvant ne perdre que moi seul!... Mais notre sort est tellement lié, que l'abîme qui s'ouvrirait pour moi ne se refermerait que sur tous deux!... Prononcez donc.

WILMORE.

Qu'exigez-vous?... Quoi, je laisserais planer sur ma tête un soupçon qui me déshonnore!... Malheureux! sais-tu bien que le nom que je porte me fut transmis sans tache, et je consentirais à le laisser couvrir d'opprobre!...

HARRY, *à part.*

Grand dieu!... il hésite... me serais-je livré moi-même?..

WILMORE, *à part.*

Où m'emporte ma douleur?... Je le perdrais, lui!... Ah! il ne sait pas ce qu'il m'en coûterait!... (*A Harry.*) Harry, combien vous fûtes coupable!... Si je pouvais vous révéler le secret de cette amitié que vousavez payée par la plus noire ingratitude, vous sauriez qu'au péril même de sa vie, Wilmore ne pourrait jamais se résoudre à vous dénoncer à vos juges.

HARRY.

Qu'entends-je?...

WILMORE.

En ce moment encore, où je devrais vous maudire, la pitié seule parle pour toi dans mon cœur... Voyons, par quel moyen...

HARRY.

Deux jours suffisent pour quitter l'Angleterre... Accordez-nous ce délai, dans quarante-huit heures je serai en France, de là, je vous enverrai les preuves irrécusables de votre innocence; vos fers tombreont devant elles, vous redeviendrez libre sans que votre salut ait été payé de notre sang... Que décidez-vous?

WILMORE, *lui tenant la main.*

Partez.

HARRY.

Vous consentez ?...

WILMORE.

A n'attendre mon sort que de vous seul... Fuyez, je vous jure que votre nom, que celui de Clarisse ne sortiront pas de ma bouche. Une fois hors de danger, faites votre devoir... (*A part.*) O mon père, j'aurai rempli le mien!

UN HUISSIER.

Mistriss Wilmore demande à voir le prisonnier.

WILMORE.

Jenny!... Harry, evitez ses regards; courez chercher Clarisse, et fuyez pour toujours avec elle.

HARRY.

Adieu, comptez sur moi. (*A part.*) Allons rassurer Schmit et veiller sur Clarisse.

(Harry se tient au fond, et sort quand Jenny est entrée.)

SCENE VII.

WILMORE, JENNY.

(*Wilmore se détourne d'elle avec un sentiment de douleur.*) Jenny!

JENNY, *s'élancant vers lui.*

Mon ami!

WILMORE.

Chère épouse, tu n'as pas craint de pénétrer, pour me voir, dans ces tristes lieux?

JENNY.

N'est-ce pas ici ma place?

WILMORE.

Tu ne me crois donc pas coupable?

JENNY.

Ah! j'ai souvent gémi sur tes égaremens; mais jamais un soupçon outrageant n'est entré dans mon cœur, il m'eût donné la mort!... Hélas! ce n'est pas moi seule qu'il faut convaincre! Ton sort est entre tes mains, m'a dit sir Nelson; il dépend de toi d'éclairer tes juges. Pourquoi donc garder un silence qui devient ton accusateur?

WILMORE.

Je jure que je suis innocent; mais je deviendrais coupable en cédant à tes vœux.

JENNY.

Crois-tu que les hommes auront en toi la même confiance que ton épouse? crois-tu que ta parole sera plus forte pour eux que les apparences?

WILMORE.

Jamais je ne ferai, pour leur obéir, un aveu qui serait une lâche perfidie. Mon premier juge, c'est ma conscience; elle ne me reproche rien.

JENNY.

Rien, dis-tu? Ah! loin de moi la pensée d'ajouter à tes douleurs en te rappelant les miennes; mais lorsque tu déchirais mon cœur, ce cœur qui ne respire que pour toi, lorsqu'au mépris de la foi jurée, tu sacrifiais mon amour, tous tes biens aux caprices d'une femme artificieuse, ta conscience ne te disait-t-elle pas alors que tu étais coupable? Dans ce moment encore, ne te reproche-t-elle pas ton cruel silence?... N'est-il pas criminel, l'homme qui voue à l'opprobre la femme dont il jura devant Dieu d'assurer le bonheur?... Malheureux! après avoir dévoré ta fortune, tu veux me léguer l'infamie pour héritage, et ta conscience ne te reproche rien!

WILMORE.

Tes larmes, en déchirant, mon cœur ne me feront point changer de résolution; elle est inébranlable... Mais si je dois succomber, si mon sacrifice doit s'accomplir, je ne veux pas emporter dans la tombe les malédictions d'une épouse adorée; je ne veux pas te laisser le droit de mépriser ma mémoire... A toi, je dirai tout.

JENNY.

O bonheur!

WILMORE.

Oui, tout ce que je puis avouer sans manquer à l'honneur... Un autre m'a remi ces billets.

JENNY.

Quel est-il? Nomme-le nomme-le, et tu es sauvé.

WILMORE.

Le nommer?... Ecoute, et juge toi-même si je dois le dénoncer... Mon père était expirant, tous les secours inutiles; seul, j'étais resté près de lui... Je baignais de mes pleurs ses mains qu'un froid mortel glaçait déjà; il rassemble le peu de force qui lui restait, et d'une voix défaillante: « Mon fils, me » dit-il, un remords affreux pèse sur mon cœur; il empoisonne » mes derniers momens; mais un aveu sincère en adoucira peut- » être l'amertume. Avant mon hymen, l'amour m'avait rendu » père; mais indigne de ce titre, j'abandonnai l'enfant que le

» ciel m'avait donné, je le laissai languir dans l'obscurité, dans » la misère... O mon fils! sois plus généreux que moi, sois » pour lui le protecteur qu'il devait trouver dans l'auteur de » ses jours. Mais, en réparant ma faute, laisse-lui toujours » ignorer le nom de son père, car il le maudirait. » Il exigea de moi le serment de remplir le devoir qu'il m'imposait. Je jurai. Dix années s'écoulèrent depuis ce jour solennel, et le malheureux, victime, ainsi que moi d'une erreur fatale, celui que tu veux que j'entraîne sur le banc des accusés, sur l'échafaud peut-être...

JENNY.

Eh bien?

WILMORE.

C'est mon frère!

JENNY, *jetant un cri.*

Ah! malheureuse! il ne le nommera pas!

(Elle tombe.)

WILMORE, *au désespoir.*

Jenny! chère Jenny! elle ne mentend plus!

(Wilmore relève Jenny, et la porte sur une chaise. — Pendant ce temps Williams, au fond, a ouvert le guichet. — Clarisse entre.)

SCENE VIII.

LES MÊMES, CLARISSE.

WILLIAMS.

Que demandez-vous?

CLARISSE.

Madame Wilmore, je suis à son service.

WILLIAMS.

La voilà.

CLARISSE.

Grand dieu! Wilmore est avec elle!

WILMORE, *courant à Clarisse qu'il ne reconnait pas.*

Ah! qui que vous soyez, secourez-la!... Et vous, entraînez-moi loin d'elle, je n'aurais plus la force de lui résister!... Jenny, adieu, adieu, pour toujours peut-être!

(Il se précipite dans son cachot, Williams le referme.)

SCÈNE IX.

JENNY, CLARISSE, WILLIAMS, *au fond.*

CLARISSE.

Dans son trouble il ne m'a pas reconnue. Tant mieux, je dois le servir sans qu'il puisse deviner quelle main le protège. Mais ne songeons d'abord qu'à cette infortunée.

JENNY, *revenant à elle.*

Wilmore! Wilmore!... il m'a quitté, il va se sacrifier!... il va mourir, et moi j'ai cru vainement le précéder dans la tombe... je respire encore pour connaître de nouvelles douleurs... (*Apercevant Clarisse.*) Mais vous, quelle cruelle pitié vous porte à me secourir?... Que voulez-vous de moi?... Qui êtes-vous?...

CLARISSE.

Je suis envoyée par la personne qui, la nuit dernière, vous prévint trop tard, hélas! des dangers qui menaçaient sir Wilmore.

JENNY.

Quel motif, quel intérêt vous guident?

CLARISSE.

Ah! qu'il vous suffise de savoir que je suis prête à tout entreprendre, Madame, pour vous rendre votre époux. C'est dans ce seul dessein, qu'après m'être présentée chez vous, je suis accourue jusqu'ici.

JENNY.

Comment reconnaitre votre zèle?

CLARISSE.

Ah! Madame, que parlez-vous de reconnaissance! C'est à moi, à moi seule de tout sacrifier pour l'accomplissement du projet que j'ai conçu... Voici de l'or... tout est préparé pour la fuite de Wilmore s'il est condamné.

JENNY.

Quoi! vous attendrez que sa sentence soit prononcée, lorsque vous pouvez le soustraire à la justice?

CLARISSE.

Oui, je le peux; mais vous ne savez pas à quel prix... D'ailleurs si je parlais maintenant, je me perdrais sans le sauver.

JENNY.

Vous perdre, vous...

CLARISSE.

Laissez-vous guider par moi... C'est à vous qu'est réservé le bonheur de faire tomber les chaines de Wilmore... Gardez-vous de lui apprendre qu'une autre vous a prêté son appui; en ce moment peut-être il repousserait la main qui s'offre pour le secourir.

JENNY.

O ciel! ces accens, ce trouble, ces pleurs, tout, oui, tout vous trahit, tout semble me révéler que vous êtes...

CLARISSE.

Que dites-vous, Madame?

JENNY.

Je vous ai reconnue.

CLARISSE.

Moi!

JENNY.

Vous êtes la même personne qui m'êtes apparue cette nuit au bal... Vous êtes Clarisse, peut-être!

CLARISSE, *se cachant le visage.*

Ah!...

JENNY.

Eh! quel autre sentiment que l'amour pourrait vous inspirer un courage dont je me croyais seule capable?... Les voilà donc éclaircis ces soupçons déchirans!... Wilmore me trahissait, et l'indigne complice de ses désordres, celle à qui je dois sans doute ma ruine, n'a pas craint de s'offrir à mes yeux, de venir se repaître du spectacle de tous les maux qu'elle m'a causés!...

CLARISSE.

Eh bien! oui, je suis cette Clarisse à laquelle vous venez de prodiguer les noms les plus odieux!... cette Clarisse qui a mérité vos reproches, votre colère; mais qui n'a pourtant jamais cessé de vous respecter, et qui pourra vous prouver peut-être qu'elle n'était pas entièrement indigne de votre pitié.

JENNY.

Ah! vous m'avez fait trop de mal!

CLARISSE.

Eh bien! si pour le réparer je venais vous servir, si j'offrais ma vie en expiation de mes erreurs... Répondez, Madame... auriez-vous encore la force de me haïr?

JENNY.

Quoi! vous seriez capable?...

CLARISSE.

Oui, je me sens assez de courage pour céder à mes remords; hélas! cette voix qui me prescrit mon devoir, ne retentit pas pour la première fois dans mon âme... mais pour lui obéir il fallait renoncer à tout... et seule, sans moyens d'existence, le front couvert de la honte du passé, comment rentrer dans un monde qui, après s'être fait un barbare plaisir de vous perdre, ôse encore insulter à vos larmes, et ne daigne pas tendre une main secourable au repentir! Repoussée, méprisée de tout le monde, en horreur à elle-même, voilà le sort réservé à l'insensée qui manque à ses devoirs... Voilà le mien... Jugez maintenant, Madame, combien je dois souffrir, et si vous n'êtes pas bien vengée.

JENNY.

Ah! je ne demandais pas au ciel de vous punir si cruellement.

CLARISSE.

Qu'entends-je? vous que j'ai tant offensée, vous daignerez compâtir à mes peines, vous ne me maudirez plus!... Ah! c'est maintenant que la pauvre Clarisse sent redoubler son courage... je vous rendrai votre époux, Madame, dût-il m'en coûter la vie.

(Elle couvre de ses baisers la main de Jenny.)

SCENE X.

LES MÊMES, JOBSON.

JOBSON, *au geolier.*

Je puis entrer... C'est de la part de sir Nelson; je viens chercher ma pauvre maîtresse.

JENNY.

Vous ici, M. Jobson, je vous croyais parti.

JOBSON.

Moi, parti, Madame. Hier, en effet, j'ai dû quitter votre service, mais aujourd'hui ce n'est plus votre intendant, c'est un ami qui revient vers vous, et qui ne vous abandonnera jamais. Mon temps, mes petites épargnes, je vous offre tout... tout pour sauver le fils de mon ancien maître... Je jurerais sur ma tête qu'il est innocent.

CLARISSE.

J'en ai la certitude, et pourtant, selon les apparences, il sera condamné.

JOBSON.

O mon Dieu !

CLARISSE.

A moins qu'il fasse connaître...

JENNY.

Le vrai coupable, ne l'espérez pas.

CLARISSE, *avec intention.*

On le connaîtra pourtant ? mais le moment n'est pas encore venu... je vous ai répondu de ses jours, je tiendrai ma promesse... M. Jobson, vous aimez votre maître ?

JOBSON.

Comme s'il était mon fils.

CLARISSE.

Je puis donc compter sur vous. Je sais que le Ministère public effrayé du nombre de billets faux présentés à la Banque, a ordonné que Wilmore paraîtrait devant le grand jury : les magistrats sont convoqués : dans une heure son sort sera fixé... Ne vous effrayez pas... Dans une heure, si vous consentez à vous armer de courage, il sera hors hors de danger.

JENNY.

Par quel moyen ?

CLARISSE, *vivement.*

Jobson, prenez ce papier ; vous y trouverez le nom, l'adresse de l'homme dont j'ai acheté, au poids de l'or, les services et la discrétion : qu'il amène la chaise de poste à quelques pas du Palais ; il peut la cacher dans le renfoncement de la rue de Leycester : qu'il m'y attende.

JOBSON.

Mais, par quel moyen ?...

CLARISSE.

Silence !... et courez remplir vos instructions. Vous, Madame, suivez-moi, je vous expliquerai le plan que j'ai conçu, vous connaîtrez quel rôle vous devez remplir, il est périlleux... mais l'épouse de Wilmore pourra-t-elle hésiter... quand Clarisse ne craint pas de lui sacrifier sa vie ?...

JENNY.

Non, je n'hésiterai pas ! le sauver ou mourir !

CLARISSE.

Oui, Madame, le sauver ou mourir ! Partons !

(Ils sortent précipitamment. — Williams se lève, les reconduit, et ferme le second guichet.)

FIN DU TROISIÈME TABLEAU.

Quatrième Tableau.

(Le Théâtre change, et représente, au fond, sur une élévation, le tribunal où doit être jugé Wilmore. — En avant, au bas de l'estrade, est une galerie où circule le public. — Deux grilles sont disposées pour contenir le peuple. — A droite et à gauche, aux premiers plans, deux portes; l'une conduisant au greffe, l'autre à la prison.)

SCÈNE PREMIÈRE.

PEUPLE, HARRY.

(Au changement à vue, des Gens du peuple garnissent la scène. — Un Huissier donne des ordres. — Des Constables font ranger le peuple. — Harry entre au milieu de ce mouvement, et à la fin de la musique.)

HARRY, *entrant; il est dans la plus grande agitation.*

Mon inquiétude est affreuse! Qu'est devenue Clarisse? Elle n'était pas chez elle, je m'en suis assuré, et pas un domestique dans la maison n'a pu m'instruire... Aurait-elle quitté Londres? ou serait-elle aussi arrêtée?.... Ah! ce doute est un supplice, et il faut... Mais où la chercher? où la joindre?... Depuis une heure ma tête s'égare, je ne sais que résoudre... Pour la trouver, j'ai pénétré dans cette terrible enceinte. Cette foule, ces préparatifs imposans qui m'annoncent le jugement de ma victime, tout ce qui m'entoure, tout ce que je vois m'épouvante! et cependant un désir curieux m'arrête ici. Que viens-je donc attendre?...

(A ce moment, James et Louisa entrent et viennent à lui.)

JAMES.

Mademoiselle Louisa, je ne me trompe pas, c'est M. Harry; enfin nous avons trouvé une figure de connaissance.

HARRY, *se remettant.*

Ah! c'est toi, James, dans quel état avez-vous laissé votre maîtresse? que fait-elle maintenant?

JAMES.

Hélas! Monsieur, vous concevez sa douleur. En revenant de la prison, elle s'est enfermée dans son appartement, et nous tous avons reçu l'ordre de ne laisser entrer chez elle qui que ce soit.

HARRY.

Ah! je me plais à croire que cette mesure ne saurait concerner le seul protecteur qui peut-être lui reste. Retournez à l'hôtel, dites à mistriss Wilmore qu'elle compte sur ma vigilante amitié, que j'irai bientôt, moi-même, la rassurer et l'instruire de ce qui se sera passé. Surtout, faites en sorte qu'elle ne vienne point ici. Allez, mes amis.

LOUISA, *à James.*

L'excellent homme!

JAMES.

Et quel cœur! Ah! j'étais bien sûr qu'il n'abandonnerait pas ma pauvre maîtresse!

UN HOMME DU PEUPLE.

Dites donc, v'là les juges, ça ne tardera pas.

HARRY, *à part.*

Les juges!

LOUISA.

Déjà!

(Entrée des Juges, Jurés. — Témoins. — Ils se placent.)

LE PRÉSIDENT.

Le Tribunal est assemblé... Qu'on introduise sir Wilmore.

LOUISA.

Attendons, nous allons le voir passer.

LE PEUPLE.

Le voilà! le voilà!

(Harry leur rappelle la commission dont il vient de les charger; et ils vont partir, lorsqu'un mouvement dans le peuple annonce l'entrée de Wilmore. *Le voilà! le voilà!*

SCÈNE II.

LES MÊMES, WILMORE, UN HUISSIER, CONSTABLE.

(Tout le monde se range devant les Constables qui entourent l'accusé. — Harry, l'apercevant, se perd aussitôt dans la foule. — James se fraie un passage jusqu'à son maître. — Celui-ci le reconnaît, et lui tend sa main avec émotion. — Le domestique la lui saisit, la baise, et la mouille de ses larmes; puis, repoussé par les Constables, il s'éloigne avec Louisa.)

LE PRÉSIDENT.

(1) Accusé, dans votre seul intérêt, je dois vous demander encore une fois quel est l'avocat que vous choisissez?

WILMORE.

Je n'en prendrai pas.

LE PRÉSIDENT.

Qui donc va vous défendre?

WILMORE.

Ma conscience.

LE PRÉSIDENT.

Messieurs les témoins, reconnaissez-vous bien, dans l'accusé présent, la même personne qui, à différentes reprises, a changé, chez vous, les billets déposés sur ce bureau, comme pièce de conviction?

LES TÉMOINS, *se lèvent et répondent.*

Oui, Monsieur.

LE PRÉSIDENT, *s'adressant ensuite à sir Wilmore.*

Sir Wilmore, avant de paraître devant la Cour, on vous a donné lecture, ainsi qu'à Messieurs les Jurés, de l'acte d'accusation formée contre vous. Avez-vous quelques observations à faire sur la déposition des témoins que vous venez d'entendre?

WILMORE.

Aucune, Monsieur; ils n'ont dit que la vérité.

LE PRÉSIDENT.

Lors de votre premier interrogatoire, vous avez affirmé que vous ignoriez que ces billets étaient faux?

WILMORE.

Oui, M. le Président.

LE PRÉSIDENT.

Ainsi, ce n'est pas vous qui les avez fabriqués?

WILMORE.

Non... non, Monsieur.

LE PRÉSIDENT.

Vous les teniez donc d'une autre personne, ainsi que les 1,500 livres sterlings, valeurs reconnues également fausses, et données, par vous-même, en paiement à M. Worms?... alors,

---

(1) Ceci ne se dit qu'après que Wilmore est placé dans le Tribunal.

pourquoi ne pas la nommer, puisque son témoignage viendrait à l'appui de ce que vous annoncez?

(Mouvement et bruit dans la foule; le Président agite une sonnette, et l'ordre se rétablit.)

WILMORE.

J'ai déjà refusé de le faire, et je le refuse encore.

LE PRÉSIDENT.

Prenez-y garde, Monsieur, cette obstination pourrait éloigner de vos juges l'intérêt que d'abord vous leur aviez inspiré. Croyez-vous qu'il vous suffise de nier le crime, quand toutes les circonstances vous accablent?

WILMORE.

Les circonstances! et que disent-elles?... que ces billets sont sortis de mes mains, j'en suis convenu; mais affirment-elles que je connais leur origne, leur falsification? prouvent-elles plus que l'inutilité de vos recherches? Où sont donc les complices qui me dénoncent?... les indices qui me confondent?... Les apparences seules déposent contre moi; et, sur des apparences, vous condamneriez un homme qui proteste devant Dieu de son innocence, et qui, dans quelques jours, peut-être, pourra vous en donner des preuves! Craignez, en précipitant votre arrêt, de commettre un crime involontaire, que vos tardifs remords ne pourraient plus racheter... N'oubliez pas que l'erreur du Juge est irréparable. Messieurs, décidez maintenant de mon sort... je n'ai plus rien à vous dire.

LE PRÉSIDENT, *se levant.*

Messieurs les Jurés, vous venez d'entendre sur quelles bases repose la défense de l'accusé. Si le but de son discours a été de porter le trouble dans vos âmes, qu'elles se rassurent. N'écoutez que votre conviction; si elle est entière, prononcez sans crainte. Qu'on reconduise l'accusé jusqu'à ce que le Tribunal le rappelle.

HARRY, *quittant précipitamment sa place.*

Il faut encore attendre!...

(Wilmore descend en effet du Tribunal. — Il est suivi de sir Nelson, et escorté par des Constables, qui le ramènent à la prison. — Nelson va sortir.)

SCÈNE III.

SIR NELSON, HARRY, *caché dans la foule*, PEUPLE, CONSTABLES, JENNY, *couverte d'une mante, d'un fort grand chapeau et d'un voile;* JOBSON, CLARISSE, *sous le même costume qu'au dernier tableau.*

NELSON, *reconnaissant Jenny, et courant au-devant d'elle.*
Eh quoi! vous ici, Madame?... Ah! de grâce, éloignez-vous.

JENNY, *avec effroi.*
Grand dieu! Wilmore serait-il condamné?

HARRY, *à part.*
Jenny!...

NELSON.
Hélas! tout me fait craindre...

JENNY, *dans la plus grande agitation.*
Ah! Monsieur, au nom de l'intérêt que vous m'avez témoigné, ne soyez pas insensible à mon désespoir, à mes larmes! daignez me permettre de revoir mon époux. S'il me refuse encore de se justifier, si, dans quelques instans, je ne puis vous nommer moi-même celui pour lequel il a résolu de mourir, condamnez-le, et que j'expire avec lui!

NELSON, *ému.*
Madame... ce que vous demandez en ce moment...

JOBSON *et* CLARISSE, *joignant leurs instances à celles de Jenny.*
Oh! nous vous en supplions!

JENNY, *avec désespoir.*
J'embrasse vos genoux, consentez... consentez...

NELSON.
Eh bien! soyez donc satisfaite, et puissent votre amour et votre courage être récompensés.

(Jenny se relève aussitôt, la joie brille dans ses yeux; elle prend les mains du Juge, les baise avec transport, et sort avec lui, après avoir jeté sur Jobson et Clarisse un regard où se peint toute son espérance. — Pendant ce jeu de scène, Harry a tout observé, et son inquiétude n'est pas moins visible que la satisfaction de Jobson et de Clarisse.)

NELSON, *reparaît, il s'adresse aux Constables placés à l'entrée du corridor.*

Vous ne laisserez sortir que la personne que j'accompaguais tout-à-l'heure.

(Il sort.)

SCÈNE IV.

HARRY, JOBSON, CLARISSE, PEUPLE, CONSTABLES.

CLARISSE.

Puisse-t-elle réussir!

HARRY, *désignant Jobson.*

Sur quoi fonde-t-elle son nouvel espoir?... C'est Jobson! interrogeons-le; il pourra peut-être... (*Allant à lui, lui prenant la main, et l'entraînant de l'autre côté du théâtre.*) Jobson!...

JOBSON, *vivement.*

C'est vous, M. Harry!... Eh bien! avez-vous appris quelque chose?... Sans doute, vous aurez fait aussi de votre côté bien des démarches?...

HARRY.

Oui, oui, mon ami, mais hélas!... toutes ont été sans succès.

(Clarisse, qui aperçoit Harry, en témoigne son effroi, et fait quelques signes à Jobson; ne pouvant en être comprise, et craignant qu'Harry la reconnaisse, elle se cache dans la foule.)

CLARISSE, *à part.*

Grand dieu! Jobson avec Harry!... Ah! comment le prévenir... S'il allait lui révéler...

JOBSON, *avec précaution.*

Rassurez-vous, tout espoir n'est pas encore perdu.

HARRY, *vivement.*

O ciel! que voulez-vous dire?

JOBSON, *en confidence.*

Je puis vous confier cela, à vous qui l'aimez comme un frère...

HARRY, *à part.*

Il me fait frémir!...

CLARISSE, *de même.*

Que je souffre!

JOBSON, *continuant.*

D'ailleurs, il faudra sans doute de l'or...

HARRY, *vivement.*

Ah! parlez, parlez vite, et tout ce que je possède...

JOBSON.

Chut!... attendez.

A ce moment, Wilmore reparait sous les habits de sa femme. — Il cache ses traits avec un mouchoir. — Jobson l'examine avec inquiétude. — La foule l'entoure. — Les Constables le laissent passer.)

HARRY, *le fixant, et le prennant pour Jenny.*

(*A part.*) Elle pleure ! je l'avais prévu ; il ne lui a rien avoué.

CLARISSE, *s'avançant vers Wilmore.*

Venez, ma chère maîtresse ; éloignons-nous.

(Elle l'entraîne vers le fond, et ils disparaissent.)

HARRY, *à Jobson.*

De grâce, M. Jobson, achevez de m'instruire... Quel projet a-t-on conçu ?

JOBSON, *les yeux fixés sur les juges qui viennent de rentrer.*

Silence ! dans un instant vous saurez tout.

LE PRÉSIDENT, *s'adressant aux Constables.*

Qu'on ramène l'accusé.

JOBSON.

Regardez bien !

SCÈNE V.

LES MÊMES, LE PRÉSIDENT, JUGES, TÉMOINS, JURÉS, JENNY, *sous les vêtemens de Wilmore.*

(Quelques Constables paraissent. — Ils entourent l'accusé, qui est enveloppé d'un manteau. — Sa tête est baissée, sa démarche est chancelante ; il se traîne avec peine jusqu'aux premiers degrés, les monte avec plus de peine encore, et tombe bientôt épuisé de douleur. — Un Constable lui ôte son chapeau ; on reconnaît Jenny.)

JENNY.

Je succombe !

TOUT LE MONDE.

Une femme !

JOBSON, *courant à elle.*

O ciel ! ma chère maîtresse !...

(Il s'élance pour la secourir. — Le peuple se presse pour regarder. — Une balustrade d'appui se brise. — Mouvement général)

HARRY, *faisant un pas vers elle.*

Jenny !... Wilmore est échappé !...

TABLEAU.

FIN DU QUATRIÈME TABLEAU ET DU SECOND ACTE.

ACTE III.

Cinquième Tableau.

Le Théâtre représente, l'intérieur d'une auberge, sur la route de Londres. — Au fond, à droite du spectateur, la porte d'entrée. — A gauche, au troisième plan, une autre porte conduisant aux chambres des voyageurs. — Et un plan plus près, une fenêtre donnant sur la cour de l'auberge. — La salle où la scène se passe est au premier.

SCÈNE PREMIÈRE.

ROBERTZ, *seul, lisant un journal.*

Je ne me trompe pas.... c'est bien Wilmore que j'ai lu.... Comment, il a été arrêté, et pour avoir fait des faux!... Je ne me serais jamais attendu à celui-là, par exemple... Je ne m'étonne plus s'il jetait l'argent par les fenêtres... Pourvu que mon beau-frère Jobson ne se trouve pas compromis dans tout ça... Et cette petite Louisa que j'attendais ce matin, et qui ne vient pas me donner de nouvelles de ce qui s'est passé. (*Se levant.*) Ah! ma foi, mon auberge n'est qu'à trois milles de Londres avec ma jument grise, j'y serai dans un clin d'œil, et je verrai par moi-même... La vieille Ketty gardera la maison.

LOUISA, *dans la coulisse.*

Mon père! mon père!...

ROBERTZ.

Je ne m'abuse pas, c'est la voix de ma fille. (*Allant au fond.*) Oui, ma foi, c'est elle! James l'accompagne. Allons, je restera à Blackfild, et ma jument à l'écurie.

SCÈNE II.

ROBERTZ, JAMES, LOUISA.

ROBERTZ.

Enfin te voilà, c'est pas malheureux.

LOUISA, *s'asseyant.*

Ouf! j'ai cru que je n'arriverais jamais.

ROBERTZ.

Jobson n'est donc pas avec toi?

LOUISA.

Mon oncle! ah! ben oui, depuis hier je ne sais pas ce qu'il est devenu, et sans M. James qu'a ben voulu me reconduire...

ROBERTZ.

Au fait, c'est ben aimable à lui; ça lui a fait perdre du temps...

LOUISA.

Il en a de reste à présent... Il est arrivé ben des choses à l'hôtel de M. Wilmore.

ROBERTZ.

Parbleu! mon journal me l'a dit avant toi.

LOUISA.

Oui, mais ce qu'il n'a pas pu vous apprendre, vot' journal, c'est que c' bon M. Wilmore s'est sauvé.

ROBERTZ.

En vérité, par quel moyen?...

LOUISA.

Ça a eu presque l'air d'un miracle... on ne parle plus que de ça à Londres.

ROBERTZ.

Bah!

LOUISA.

Figurez-vous que M. Wilmore avait déjà paru devant ses juges... il avait parlé ben mieux qu'un avocat; pendant qu'on en était aux opinions, on le ramène dans sa prison, et quand on l'a fait revenir pour entendre son arrêt...

ROBERTZ.

Eh ben?

LOUISA.

Ce n'était plus lui.

JAMES.

C'était Madame.

ROBERTZ.

Pas possible.

LOUISA.

Vous concevez que ça a mis tout le monde en révolution... Cette pauvre dame, elle était sans connaissance! quand elle a été revenue à elle on l'a interrogée; elle n'a pas voulu dire, comme de raison, où était allé son mari : on a ordonné qu'elle resterait enfermée jusqu'à ce qu'on ait découvert sa retraite, et on a promis 500 livres sterlings à celui qui le dénoncera,

ROBERTZ.

Eh ben! je suis pourtant sûr qui se trouvera quelques misérables qui voudront gagner cet argent-là. Morbleu! je mourrais de faim plutôt que d'acheter mon pain à pareil prix; mais vous, mes enfans, il faut vous reposer, et prendre des forces.

JAMES.

Ma foi, ça n'est pas de refus; nous avons été si bouleversés de tout ça que nous n'avons pas pensé à déjeûner et que nous avons oublié de dîner.

ROBERTZ.

Ce pauvre garçon! vous souperez et vous coucherez ici... et pendant que Louisa mettra le couvert, nous boirons le premier coup à la santé de vos maîtres.

(Ils sortent.)

SCÈNE III.

LOUISA, *tirant des assiettes d'un buffet.*

Je ne ferai pas tort à ce repas-là... j'ai perdu l'appétit au moins pour huit jours... Ah! comme le temps se couvre là-bas, nous aurons de l'orage cette nuit. Quelle différence de cette soirée à celle d'hier... quel beau bal! je m'amusais tant à les voir danser!... Et cette pauvre Mistriss Wilmore, qui aurait jamais pensé que la fête se terminerait ainsi pour elle? Hier, elle était parée, riche, heureuse, puis aujourd'hui....

ROBERTZ, *dans la coulisse.*

Mais Louisa dépêche-toi donc.

LOUISA.

On y va, mon père, on y va. Ah! ces hommes ça, a toujours faim ou soif!

(Elle sort par la porte de gauche. — Quelques éclairs commencent à briller. — Une femme entre dans la salle, c'est Clarisse; un Paysan l'accompagne.)

SCÈNE IV.

CLARISSE, UN PAYSAN.

CLARISSE.

C'est ici que je m'arrête... retournez maintenant auprès de la personne que j'ai fait conduire à votre habitation, et ne parlez à qui que ce soit de tout ce qui s'est passé.

LE PAYSAN.

Oh! soyez tranquille, Madame, vous m'avez assez généreusement payé pour que je vous obéissions; d'ailleurs notre maison est si écartée qu'on n' viendra pas chercher là Monsieur votre frère... à-propos, v'là vot' sac de nuit.

CLARISSE.

Posez-le sur cette table. Ah! si la personne qu'on vient d'amener chez vous vous adressait quelques questions, vous direz que tout a été exécuté d'après les ordres de son épouse.

LE PAYSAN.

Ça suffit, vous n'avez plus rien à m'ordonner?

CLARISSE.

Non, rien que le plus profond silence.

(Le Paysan sort.)

SCÈNE V.

CLARISSE, LOUISA.

CLARISSE.

Enfin il est en sûreté... De loin j'ai suivi la voiture, et ne l'ai quittée des yeux qu'après m'être assurée qu'il était enfin dans l'asile que je lui avais trouvé. Combien il m'a fallu de courage pour ne pas lui dire un éternel adieu!... mais je l'avais promis à Jenny. Cher Wilmore, je t'ai donc vu pour la dernière fois!... Je n'ai plus rien, rien de lui... que son souvenir; et ce bien là je le conserverai toujours!... Dans quelque temps Wilmore pourra quitter ce village. Jusque là, je resterai dans cette auberge, près de lui, pour le protéger contre les recherches du monstre qui a juré sa perte.... Je m'étonne que Jenny et

Johson ne soient pas venus nous joindre. Ce retard m'inquiète. Si Jenny allait être gardée en otage... si Johson avait parlé?... Ah! le sacrifice de ma vie, alors, deviendrait nécessaire, et je l'offrirais à dieu, en expiation de mes fautes!

SCENE VI.

CLARISSE, LOUISA.

LOUISA, *sans voir Clarisse.*

Va donc chercher du porter... va donc chercher du porter. Si ces Messieurs continuent de boire ainsi à la santé de mistriss Wilmore...

CLARISSE, *se retournant.*

Qui parle de Jenny?

LOUISA.

Tiens, voilà une voyageuse; et cette vieille Betty qui ne vient pas nous prévenir!... Pardon, Madame...

CLARISSE, *vivement.*

Vous parliez tout-à-l'heure de mistriss Wilmore... la connaîtriez-vous?

LOUISA.

Tiens, si je la connais?... je l'ai vue y n'y a pas plus de deux heures, la pauvre dame.

CLARISSE.

Vous arrivez de Londres?

LOUISA.

A l'instant même.

CLARISSE.

Ah! je vais savoir!... Mon enfant, hâtez-vous de m'instruire du sort de cette jeune dame; que fait-elle? où est-elle?...

LOUISA.

Hélas! elle est en prison.

CLARISSE.

Que dites-vous?

LOUISA.

Et elle y doit rester jusqu'à ce qu'on ait retrouvé son mari.

CLARISSE, *à part.*

L'infortunée!... Voilà ce que je redoutais... Allons, il n'y a plus à balancer... (*Haut.*) Qui êtes-vous?

LOUISA.

Je m'appelle Louisa, je suis la fille de Robertz, le maître de cette auberge.

CLARISSE, *plus vivement.*

Mon enfant, pourriez-vous me trouver quelqu'un qui voulût à l'instant même partir pour Londres?

LOUISA.

Ah! dam', il est tard... et y n'y a d'homme ici que mon père, et James; le domestique de...

CLARISSE.

James est ici?... Il suffit... donnez-moi ce qu'il faut pour écrire.

LOUISA.

C'est que, voyez-vous, James est bien fatigué.

CLARISSE.

Il portera ma lettre; car elle doit délivrer sa maîtresse.

LOUISA.

C'est-y dieu possible ce que vous dites-là?... Ah! ben, je crois que pour ça James ferait six fois le voyage d'ici à Londres. Je cours le prévenir, il boira en revenant... Tenez, voilà tout ce qu'il vous faut... Ah! Madame, quel bonheur que vous soyez venue dans cette auberge!... Je ne me sens pas de joie!... James! James!

(Elle sort en appelant.)

SCENE VII.

CLARISSE, *puis* JAMES *et* LOUISA.

CLARISSE, *assise et prête à écrire.*

Le ciel ne veut donc pas que je sauve Wilmore sans qu'il m'en coûte la vie!... Pauvre Jenny! vous m'accusez peut-être de vous avoir trompée... au prix de tout mon sang, je ferai tomber vos chaînes... Perfide Harry, tu l'as bien dit... je ne pourrai séparer ma cause de la tienne!... et cet arrêt de mort que je vais tracer est aussi ma condamnation... (*Ici le tonnerre gronde au loin. — Moment de silence.*) Ma main tremble... je puis à peine écrire... ces caractères sont illisibles. (*Elle prend une autre feuille de papier.*) Des pleurs obscurcissent mes yeux... Que puis-je donc regretter?... Wilmore était perdu pour moi...(*Ecrivant.*) Sir Nelson saura tout; les véritables auteurs du crime lui seront enfin révélés : le nom du graveur, et ces renseignemens devront lui suffire... Quant à la vengeance d'Harry, je la préviendrai.

LOUISA, *entrant avec James.*

Je vous dis que cette lettre-là doit sauver mistriss Wilmore.

JAMES.

Bah! vous aurez mal entendu, je suis sûr.

CLARISSE.

James, approchez.

JAMES.

Quoi! c'est vous, Madame?

CLARISSE, *se levant.*

Chut! ne me nommez pas.

LOUISA, *à part.*

Tiens, ils se connaissent.

CLARISSE.

James, je sais quel est votre attachement pour vos maîtres; je compte sur votre obéissance.

JAMES.

Ordonnez, Madame.

CLARISSE.

Prenez un cheval, courez, volez jusqu'à Londres, et remettez cette lettre à sir Nelson lui-même.

JAMES.

Avant une heure elle sera sous ses yeux.

LOUISA.

Y prendra la jument grise de mon père; il aura le temps de revenir avant qu'il s'aperçoive qu'elle est sortie de l'écurie.

JAMES.

Je pars.

CLARISSE.

Tenez, James, ces deux pièces d'or sont la récompense de votre zèle.

JAMES.

Je vous remercie, Madame; James n'en avait pas besoin pour aller ventre à terre... Vive dieu! je les donnerais de bon cœur pour être arrivé!

SCÈNE VIII.

CLARISSE, LOUISA.

CLARISSE, *à part.*

Dans une heure on saura tout... Il faut que d'ici là...

LOUISA.

Madame passe-t-elle la nuit dans not' auberge?

CLARISSE.

Aurez-vous à me donner une chambre séparée de toutes les autres ?

LOUISA.

Dame, nous avons le vieux pavillon du jardin... mais c'est si loin de la maison, que je n'ose pas l'offrir à Madame.

CLARISSE, *à part.*

C'est ce qu'il me faut... (*Haut.*) Vous allez m'y conduire.

LOUISA.

Comment, Madame, vous n'aurez pas peur de passer la nuit toute seule là dedans?

CLARISSE.

Je prends cette chambre, vous y porterez mon sac de nuit.

LOUISA.

Ça suffit, Madame.

ROBERTZ, *dans la coulisse.*

James! James!

CLARISSE.

Quel est ce bruit?

LOUISA.

C'est la voix de mon père... Ah! voici des voyageurs.

CLARISSE.

Evitons leurs regards. Mon enfant, éclairez-moi, je vais me retirer.

LOUISA.

Oui, Madame, quand vous voudrez.

CLARISSE.

O mon dieu! fais que mon sacrifice ne soit pas inutile!

SCENE IX.

ROBERTZ, HARRY, UN CONSTABLE, *plusieurs hommes enveloppés de manteaux.*

(Robertz, une lampe à la main, éclaire les nouveaux venus qui paraissent trempés de pluie. — Harry, enveloppé d'un manteau, et a la figure couverte d'un chapeau rabattu sur ses yeux, entre le dernier.)

UN CONSTABLE.

Quel horrible temps!

ROBERTZ.

Ketty!... Ketty!... vite du feu pour réchauffer ces Messieurs!

(Ketty en allume.)

LE CONSTABLE.

Ma foi, cela arrive fort à propos. On a de l'eau jusqu'aux genoux dans ces maudites routes de traverses. Heureusement nous sommes presqu'arrivés.

LE CONSTABLE, *regardant par la fenêtre.*

D'ici, l'on peut voir la maison qu'on nous a désignée... Ce doit être celle-ci, n'est-ce pas?

HARRY, *d'une voix étouffée.*

Oui.

LE CONSTABLE.

Ah! ça, vous êtes bien sûr qu'il est là?

HARRY.

Vous l'y trouverez.

LE CONSTABLE, *à un de ses hommes.*

Comme il ne faut pas perdre de temps, mettez-vous en marche, exécutez votre mandat d'arrêt, et amenez-moi le fugitif ici; moi, je vous attendrai de pied-ferme.

(Il s'assied près de la cheminée.)

L'HOMME.

Oui, et de pied sec. (*A Harry.*) Voyons, venez-vous avec nous, l'homme silencieux?

HARRY.

Cela n'est pas nécessaire. (*A part.*) Je n'en aurais pas la force.

LE CONSTABLE.

Il a raison, dans ces sortes d'affaires, on ne gagne rien à être connu... Vous irez sans lui. D'ailleurs vous êtes en nombre suffisant.

L'HOMME.

Parbleu!... je le crois bien... Allons, en route

LE CONSTABLE.

Bonne chance, et dépêchez-vous.

ROBERTZ.

Ketty, conduisez ces Messieurs.

(Ils sortent.)

SCÈNE X.

LE CONSTABLE, HARRY, ROBERTZ

ROBERTZ, *à part.*

Ils m'ont bien l'air d'aller arrêter quelqu'un.

LE CONSTABLE,

Dites donc, bon homme, avez-vous du porter ?

ROBERTZ.

Certainement, et du bon.

LE CONSTABLE.

Apportez m'en donc un pot.

ROBERTZ.

Et deux verres, n'est-ce pas?... Vous allez être servi.

(Il sort et rentre avec un pot et deux verres qu'il pose devant le Constable, et sort tout-à-fait.)

SCÈNE XI.

LE CONSTABLE, HARRY.

LE CONSTABLE.

Avancez donc... vous trinquerez avec moi... Tu dieu! je n'ai jamais vu de personnage aussi taciturne que vous!... Vous allez pourtant gagner 500 bonnes livres sterlings.

HARRY, *détournant les yeux.*

Ah!

LE CONSTABLE.

Vous tremblez, je crois?

HARRY.

Oui, j'ai froid.

LE CONSTABLE.

Eh bien! approchez-vous du feu et buvez un coup, cela vous remettra.

HARRY, *prenant son verre.*

Vous avez raison.

LE CONSTABLE, *lui versant.*

On dirait que vous avez regret de l'action que vous avez commise; parbleu, quand ce mauvais sujet serait pendu, ça ne doit pas vous peser sur la conscience..... Eh bien! buvez donc.

HARRY, *à part.*

Je ne puis, et pourtant ma bouche est brûlante. (*haut.*) Non, ce porter est détestable.

LE CONSTABLE.

Il est excellent, au contraire.

HARRY, *se levant précipitamment.*

Les voilà!

LE CONSTABLE.

Eh bien! qu'avez-vous donc?

HARRY.

Ne les entendez-vous pas... ils reviennent. (*avec un sourire.*) Ils ne l'auront pas trouvé, peut-être.

LE CONSTABLE.

Vous rêvez... c'est la pluie qui redouble, voilà tout. Ah ça! mais pour être ému comme vous l'êtes, vous connaissez donc ce Wilmore?

HARRY.

Oui.

LE CONSTABLE.

Il paraît qu'il s'était mal conduit envers vous; dans tous les cas, vous le lui rendez bien. J'ai entendu pourtant citer de lui une assez belle action... c'est ce qu'il a fait pour un nommé... Ah! mon dieu! aidez-moi donc... son meilleur ami... un nommé Harry.

HARRY.

Il me tue!

LE CONSTABLE.

En avez-vous entendu parler? Celui-là, par exemple, doit le plaindre; on prétend même qu'il n'est pas étranger à son évasion... Ah ça! dieu me pardonne, je crois que vous pleurez.

HARRY, *s'efforçant de sourire.*

Moi!... vous vous trompez. (*à part.*) Des larmes, je ne croyais pas en avoir.

(Bruit au dehors.)

LE CONSTABLE.

Ah! cette fois ce sont eux.

HARRY.

Déjà!

LE CONSTABLE, *se levant.*

Venez donc voir s'ils ramènent notre homme.

HARRY, *faisant de vains efforts pour se lever.*

Suis-je donc cloué sur cette chaise?

LE CONSTABLE, *à la fenêtre.*

Ils entrent dans la cour.

HARRY.

Seuls?

LE CONSTABLE.

Non.

HARRY.

Ah! cela m'aurait soulagé, peut-être.

LE CONSTABLE.

Venez donc voir si c'est bien lui.

HARRY, *toujours à part.*

Je ne souffrirai pas tant pour mourir.

(Il se traîne vers la fenêtre.)

LE CONSTABLE.

Tenez, regardez.

HARRY, *se frottant les yeux.*

Je n'y vois pas... où donc est-il?

LE CONSTABLE.

Parbleu, là, sur cette pierre.

HARRY, *reculant.*

Ah! c'est bien lui. Cachez-moi, cachez-moi; il m'a vu, il va me nommer.

LE CONSTABLE.

Le pauvre diable n'a seulement pas levé la tête... Je vais l'interroger, puis nous terminerons ensemble... mais pour dieu, calmez-vous!..... Attendez-moi, vous autres, je descends.

(Il descend par la porte de droite. — On entend toujours quelque bruit au fond du théâtre.)

SCÈNE XII.

HARRY, *seul.*

Me calmer... Eh! puis-je éteindre le feu qui me brûle? puis-je imposer silence aux tourmens de l'enfer qui me déchirent? Insensé! pourquoi donc ces inutiles regrets? n'ai-je pas voulu ce qui arrive? En interrogeant Jobson, en lui arrachant son secret, qu'en voulais-je faire? perdre Wilmore, et posséder Jenny. Depuis cinq ans n'était-ce pas là mon but? et si près de l'atteindre, le fallait-il manquer? non, ce Wilmore me pesait trop... la terre ne pouvait plus nous porter ensemble... Après lui, plus de recherches inquiétantes; après lui, plus de rival odieux; après lui, du bonheur enfin. (*Il sourit; dans ce moment un bruit de chaînes se fait entendre, il fait un mouvement.*) Ah! quel est ce bruit, il m'a fait peur? (*Allant au fond, et regardant par la fenêtre.*) Pour qui ces chaînes?

WILMORE, *dans la coulisse.*

Ne craignez rien, je ne veux pas fuir.

HARRY, *reculant.*

Ah! c'est sa voix! c'était pour lui... pour lui des fers! il résiste en vain; on l'en charge, on l'en écrase... Le malheureux... il lève les yeux au ciel... il pleure... Monstre!... il pleure, et toi... On vient.

SCÈNE XIII.

HARRY, LE CONSTABLE.

LE CONSTABLE.

C'est une affaire faite... vos renseignemens étaient justes... c'est bien là notre homme, et je défie cette fois qu'il s'échappe. Ah ça, vous avez tenu votre promesse, il est juste que je remplisse celle qu'on vous a faite; tenez, voilà les 500 livres sterlings.

HARRY.

Quoi! ces billets...

LE CONSTABLE.

Sont à vous! Parbleu! avez-vous oublié la récompense?

HARRY.

Une récompense, à moi?

LE CONSTABLE.

Ah! vous l'avez bien méritée, et la voilà. (*Il pose les billets sur la table où Clarisse a écrit.*) Oh! vous pouvez prendre ces billets en toute sûreté, ils ne sont pas faux ceux-là. Maintenant je vais rejoindre mes gens, au revoir.

SCÈNE XIV.

HARRY, *puis* ROBERTZ.

HARRY.

Ils vont s'éloigner enfin... oui, ils partent... je ne les entends plus... tout est fini... je respire plus librement... Que m'a-t-il laissé? cette somme, c'est le prix du sang. (*Il froisse les billets, et les rejette sur la table.*) Misérable! pour 500 livres sterlings tu leur as vendu celui qui te croit son ami... qui va mourir pour toi... Que je me suis lâchement vengé, que que mon amour et ma jalousie sont horribles!.. Ah! la vue de Jenny peut seule me rendre à moi-même... Il faut partir, retourner à Londres, l'en arracher, et fuir avec elle, avant qu'on ait dressé l'échaffaud.

(Il fait quelques pas.)

ROBERTZ, *rentrant.*

Tiens, il y en a encore un... Est-ce que Monsieur passe la nuit ici?

HARRY.

Non, je vais repartir. (*à part.*) Je prendrai une autre route. (*Haut.*) Donnez-moi mon manteau.

ROBERTZ, *le prenant sur la table, et voyant les billets.*

Le voilà. Oh! oh! ces billets sont-ils à vous?

HARRY.

Ces billets... oui... ils sont à moi...

ROBERTZ.

Peste, vous en avez donc beaucoup pour les laisser trainer ainsi?

(Il les lui remet.)

HARRY.

Que me donnez-vous donc avec...

ROBERZ.

Ah! c'est une feuille de papier que cette dame aura laissée sur la table.

HARRY.

Une dame! Que vois-je! le nom de Wilmore!... ah! lisons. (*A part.*) « Wilmore est innocent, les véritables auteurs du crime... » Le reste est illisible. Grand dieu! quelle main a tracé cet écrit?

ROBERTZ.

Qu'est-ce qu'il a donc vu sur ce papier?

HARRY.

Si c'était... qui donc a écrit à cette place?

ROBERTZ.

Une jeune dame qui connaît James, le jokei de ce pauvre.....

HARRY, *à part.*

Plus de doute, c'était Clarisse. O fureur! aurait-elle voulu me trahir. (*Haut.*) Cette femme... où est-elle? quelle route a-t-elle prise? mais répondez donc.

ROBERTZ.

Parbleu, si vous voulez la voir, vous n'irez pas loin pour la trouver; elle est ici.

HARRY, *se contenant.*

Ici!.. Il faut que je lui parle à l'instant même... indiquez-moi sa chambre.

ROBERTZ.

Ma foi, je crois que ma fille l'a conduite dans le pavillon du jardin; tenez, de ce côté, au bout de la grande allée.

HARRY.

Il suffit.

ROBERTZ.

Attendez, je vais vous éclairer jusqu'en bas.

HARRY.

Non, c'est inutile. (*A part.*) Clarisse, malheur à toi si j'arrive trop tard.

(Il sort précipitamment, tandis que Robertz allume une lumière. — Ce dernier, le voyant parti, rentre dans la salle de droite.)

FIN DU CINQUIÈME TABLEAU.

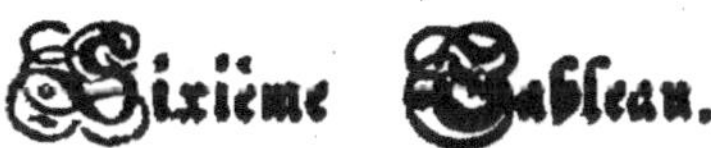

Sixième Tableau.

(Le Théâtre représente une chambre gothique. — Elle est entièrement fermée, et n'a d'autre issue, en dehors, qu'une porte pleine, placée vers le dernier plan. — A gauche du spectateur, sur le devant de la scène, une table, un vieux fauteuil, et l'entrée d'un cabinet. — En face, un meuble, et une glace au-dessus. — Dans le fond, une large fenêtre, donnant à rez-de-chaussée sur un jardin. — Le tonnerre gronde au loin, la pluie tombe avec violence, et le Théâtre n'est éclairé que par la lueur des éclairs.)

SCÈNE PREMIÈRE.

LOUISA, CLARISSE.

(Louisa porte une lanterne, des draps et un sac de nuit — Elle précède Clarisse, et l'éclaire.)

LOUISA.

Comme ça tombe! avec ça c'est tout au plus si l'on voit clair devant soi. (*portant la lumière au dehors.*) Là, ici, Madame... prenez bien garde, car les marches sont en si mauvais état... (*Clarisse entre en scène, et jette un regard sombre sur tout ce qui l'entoure. — Louisa, allumant un flambeau placé sur le meuble.*) Ah! dam', c'est que cette pièce n'est guère souvent occupée; elle est tellement délabrée... et puis ce jardin qui la sépare des autres bâtimens, ça ne plaît pas à tout le monde, ça. Ah dieu! je ne suis pas peureuse, mais s'il me fallait coucher ici....... Quelle différence avec la jolie petite chambre que je voulais vous donner, et dans laquelle je viens de vous forcer de vous réchauffer un peu! vous auriez eu là du monde autour de vous, au moins.

CLARISSE.

Il suffit, vous pouvez vous retirer.

LOUISA.

Comment, Madame, cet orage même ne vous effraie pas? En ce cas, je vais préparer votre lit.

CLARISSE.

Veuillez vous hâter, j'ai besoin de repos.

LOUISA.

O mon dieu! c'est l'affaire d'un moment, je n'ai que des draps à mettre.

(Elle prend la lanterne, et entre dans le cabinet.)

SCÈNE II.

CLARISSE, *seule, regardant autour d'elle avec crainte.*

C'est en vain que j'ai voulu cacher à cette fille l'espèce d'effroi qui m'a saisie en entrant dans cette chambre. Je ne sais si c'est la trite nudité de ces murs, ce silence effrayant, ou l'horrible idée qui, depuis quelques instans, m'occupe, mais mon cœur se serre, ma respiration est gênée... (*Elle s'assied.*) Je me croyais plus de force.

(En ce moment Louisa entre. — Harry passe au fond; on l'aperçoit à travers les vitres.)

SCENE III.

CLARISSE, LOUISA.

LOUISA, *rentrant.*

Voilà ce que c'est. Vous n'avez pas besoin de prendre quelque chose?

CLARISSE.

C'est inutile... Ah! vous avez eu la complaisance de m'apporter mon sac de nuit?

LOUISA.

Oui, oui, Madame; le voici sur cette table.

CLARISSE, *un peu agitée.*

Bien, je vous remercie. Laissez-moi, maintenant.

LOUISA, *hésitant à sortir.*

Mon dieu!... Pardon, Madame, mais je ne sais pas, moi, ça me semble tout drôle de vous laisser seule, comme ça, dans ce vilain pavillon. Vous me paraissez si aimable!... Si vous vouliez, j'irais demander à mon père la permission de passer la nuit auprès de vous. Quand on est deux, on a moins peur, et si on ne dort pas, eh bien! on cause, ça rassure.

CLARISSE.

Vous êtes trop bonne! je préfère être seule.

LOUISA.

Alors, je n'insiste plus. (*A part, en s'en allant.*) Eh bien! elle a plus de courage que moi, par exemple!

(Elle salue Clarisse et sort.)

SCENE IV.

CLARISSE, *seule; elle est toujours assise, et plus absorbée dans ses réflexions.*

Oui, je ne puis plus balancer, mon sort doit s'accomplir... cette nuit même... il le faut... D'où vient donc, qu'à cette pensée, une sueur froide a glacé tous mes membres? (*Elle prend son mouchoir, et s'essuie les visage.*) Perfide Harry! c'est toi qui m'a plongée dans l'abime; mais du moins une consolation me reste; je l'ai démasqué, et sa mort sera plus affreuse que la mienne. (*Une horloge éloignée sonne neuf heures.*) Neuf heures!... Une au moins s'est déjà écoulée depuis que tout est connu... Harry, se voyant perdu, me dénoncera comme sa complice... on interrogera James sur le lieu de ma retraite... déjà peut-être on vient pour m'arrêter... N'attendons pas plus long-temps, ce n'est que morte qu'on doit m'enlever d'ici. (*Elle ouvre sa valise, et en tire deux pistolets qu'elle pose sur un meuble. — A ce moment l'orage redouble.*) Que ce désordre de la nature convient bien à l'affreux dessein que je vais exécuter! (*Après un moment de silence.*) Hélas! je le sais, c'est un crime que je vais commettre; mais en me sacrifiant pour accomplir mon devoir, m'est-il donc défendu d'éviter l'infamie?... Ah! si le ciel est juste, mon repentir devra désarmer sa colère... Wilmore, Jenny, demain vous serez heureux!... demain! et moi... Ah! un voile funèbre obscurcit mes yeux!... la mort est dans mon cœur!... (*Faisant quelques pas. — Elle va fermer la porte au verrou. — Tout-à-coup un violent ouragan agite les volets de la fenêtre du fond.*) Voyons si cette chambre n'a pas une autre issue.

(Elle prend la lumière et sort. — [illegible] porte du cabinet se referme sur elle.)

SCÈNE V.

HARRY, *puis* CLARISSE.

(Harry reparaît dans le jardin il s'approche de la fenêtre, brise un carreau de vitre, passe le bras, ouvre l'espagnolette, et entre.)

HARRY.

Quelle obscurité!... Deux personnes pourtant étaient ici tout-à-l'heure, et la fille de l'aubergiste a seule quitté ce pavillon... j'en ai la certitude; elle seule a passé près de moi. Où donc est Clarisse? m'aurait-elle aperçu? m'échapperait-elle?... J'entends marcher... là... de ce côté... Ah!... A travers les jointures de cette porte, j'entrevois quelques rayons de lumière... Elle est là!... elle approche... Voici l'instant...

(Il se remet au fond, et regarde si personne n'est dans le jardin. — Clarisse reparaît; elle est pâle, ses cheveux sont en désordre; elle tient à la main sa lumière, qu'elle pose en entrant.)

CLARISSE.

Je me suis assurée que personne ne pouvait venir troubler l'accomplissement de mon sinistre projet. A présent, demandons grâce à dieu!

(Elle tombe à genoux, et semble prier avec ferveur.)

HARRY, *avec précaution.*

Que fait-elle?... elle prie... elle a raison; car son heure est venue... (*Allant à elle.*) Clarisse!...

CLARISSE, *se retournant avec effroi.*

Ah! c'est lui!

HARRY.

Ne devais-tu pas m'attendre?

CLARISSE.

O mon dieu! tu m'envoie le ministre de ta vengeance!

HARRY, *la relevant avec force.*

Réponds-moi, as-tu gardé mon secret?

CLARISSE.

J'ai fait mon devoir... j'ai tout dit.

HARRY. *Il tire son poignard, puis semble hésiter.*

Malheureuse!

CLARISSE.

Eh bien! qui t'arrête?... Tiens, c'est là qu'il faut frapper... Je vais t'apprendre à mourir... car l'échafaud t'attend... J'ai compté les minutes; on doit être sur tes traces... Je n'ai pas oublié ta promesse... et tu me dois le prix de mes révélations; je l'attends... je l'implore... (*Montrant les pistolets qu'elle vient de saisir.*) Ces armes devaient me soustriare à la justice des hommes.... j'allais, sans trembler, les diriger contre mon sein... mais j'aurais commis un forfait, et, grâce au ciel! c'est toi qui t'en chargeras.

HARRY, *avec un accent de rage.*

Eh quoi! plus d'espoir?...

CLARISSE, *de même.*

Tu n'en as plus... Ton complice doit être arrêté... Wilmore dans les bras de sa femme... J'ai fait tourner contre toi tes horribles machinations... j'ai sauvé tes victimes... je te livre au supplice... Ah! mon dernier jour est le plus beau de ma vie!

HARRY.

Et ma rage ne t'a pas encore immolée!...

CLARISSE.

Hâte-toi donc... car j'entends déjà ceux qui viennent t'arrêter!

(*Des voix dans la coulisse.*)

Par ici, par ici!

HARRY, *courant à la porte.*

O fureur!... Fuyons!...

CLARISSE, *l'arrête, et le menace de ses pistolets.*

Non, misérable! non tu ne fuiras pas... je ne porterai pas seule le poids de tes forfaits...

HARRY.

Que vas tu faire?

CLARISSE.

Donner le temps à mes vengeurs d'arriver jusqu'à toi. (*On frappe vivement.*) Les voilà!... Scélérat!... je pourrais t'immoler... mais je ne veux pas enlever une proie au bourreau!...

(Elle entre précipitamment dans la chambre qui lui a été préparée.)

SCÈNE VI ET DERNIÈRE.

LES MÊMES, NELSON, JENNY, WILMORE, LOUISA, JAMES, JOBSON, SOLDATS, VILLAGEOIS, VILLAGEOISES.

(On enfonce la porte, dont les panneaux volent en éclats. — Tout le monde accourt en désordre, et se répand sur la scène. — Des soldats s'emparent d'Harry. — Il leur échappe, et va s'élancer par la fenêtre, mais à ce moment d'autres gardes paraissent, il reçoit un coup de bayonnette, pousse un cri, chancelle, et va tomber à gauche, sur le devant de la scène. — Au même instant, un coup de feu se fait entendre dans la chambre de Clarisse.)

HARRY, *poussant un cri de douleur.*

Ah!...

JENNY, *courant au cabinet, et reculant avec effroi.*

Grand dieu!... Clarisse!... (*A Wilmore en l'arrêtant.*) N'approche pas.

WILMORE, *apercevant Harry, et se précipitant sur lui.*

Mon frère!...

JENNY, *s'élançant vers Wilmore.*

Silence!... on l'ignore encore... qu'on ne le sache jamais.

(Nelson fait enlever le corps d'Harry; et Jobson retient Wilmore, qui veut s'élancer vers le cabinet où Clarisse vient de périr.)

TABLEAU.

FIN DU SIXIÈME TABLEAU ET DU DERNIER ACTE.

80

www.ingramcontent.com/pod-product-compliance
Lightning Source LLC
LaVergne TN
LVHW010620110826
845149LV00003B/994